*Eso no estaba en mi libro
de Historia de la Ciencia*

EUGENIO MANUEL FERNÁNDEZ AGUILAR

Eso no estaba en mi libro de Historia de la Ciencia

GUADALMAZÁN

© Eugenio Manuel Fernández Aguilar, 2018
© Talenbook, s.l., 2018

Primera edición: septiembre de 2018

Guadalmazán • Colección Divulgación científica
Director editorial: Antonio Cuesta
Edición de Antonio Cuesta
Corrección de José López Falcón
Maquetación de Ana Cabello
www.editorialguadalmazan.com
pedidos@almuzaralibros.com - info@almuzaralibros.com

Imprime: black print
ISBN: 978-84-94608-57-5
Depósito Legal: CO-1447-2018
Hecho e impreso en España - *Made and printed in Spain*

A María José y Vega, madre e hija. Heroínas.

Índice

Introducción

Los seres vivos que basan su descendencia en la reproducción sexual han desarrollado los métodos más extraños y originales con el fin de perfeccionar el cortejo que les lleve a perpetuar la especie. Las hermosas danzas de las aves del paraíso, los dibujos en la arena de los peces globo, los regalos envueltos de las arañas o el *moonwalk* de los manaquines al más puro estilo Michael Jackson. El ser humano no se queda atrás. Me parece especialmente llamativa la historia de un burgalés que sedujo a una parisina alardeando de los halcones que tenía en casa. Marcelle Parmentier tuvo que comprobar con sus propios ojos la existencia de aquellas rapiñas, acabó sucumbiendo a la personalidad del dueño y pronto se casaría con aquel gran hombre de dicción inconfundible: Félix Rodríguez de la Fuente. Su afición a la cetrería le venía desde joven, cuando observaba los animales en acción en Poza de la Sal, su lugar de nacimiento. Su profesionalidad le convirtió en asesor cetrero en la película *El Cid*, en la que actuaban actores como Charlton Heston y Sofía Loren. También se le debe el control de pájaros en los aeropuertos españoles, que llevan a cabo halconeros especializados para evitar accidentes en las maniobras de despegue y aterrizaje. Este documentalista y naturalista —médico estomatólogo de

El naturalista y divulgador fue uno de los
grandes defensores del lobo ibérico.

formación— dejó una huella indeleble en la población española desde finales de los años setenta. Con sus documentales, la palabra «ecología» comenzó a sonar con fuerza en nuestro país. Su serie *El hombre y la Tierra* es todo un icono con el que han crecido varias generaciones y que ha despertado vocaciones científicas de todos los tipos. Incluso los jóvenes de hoy quedan atónitos cuando ven algunos de sus capítulos, se enganchan a la música de la entradilla y a su peculiar forma de describir el comportamiento animal. Y lo digo por experiencia propia, pues cada año lo visionamos en mis clases de secundaria, con resultados que siguen sorprendiéndome. A veces se ha infravalorado el papel de exploradores, viajeros, geógrafos, naturalistas y documentalistas en la historia de la ciencia; sin embargo, su labor es fundamental en el desarrollo de la ciencia, por ser una fuente inagotable en la recolección de datos y confección de catálogos para la posterior investigación de regularidades que nos llevan al descubrimiento de leyes y teorías. El legado de Félix Rodríguez de la Fuente es de valía internacional, pero también nos interesan su carácter, sus aficiones, sus relaciones, etc. En definitiva, su vida y su muerte. Félix fue a morir en las gélidas montañas nevadas de Alaska. Cuando ya había alcanzado fama internacional se dirigió con su equipo a rodar la carrera de trineos de Iditarod. Dos avionetas sobrevolarían el acontecimiento, pero en el último momento se cambió de una a otra de las máquinas. «Qué lugar más hermoso para morir», dijo cuando vio el paisaje en una espeluznante y negra premonición. Por desgracia su avioneta se estrelló y falleció el mismo día que cumplía 52 años, el 14 de marzo de 1980. Irónica casualidad.

La historia de la ciencia no trata de un relato al modo de colección de hechos inconexos. Más bien nos encontraríamos ante un estudio detallado de la evolución y de la transformación de las teorías científicas. Para ello es fundamental acudir a la epistemología, a la sociología y a la filosofía de la ciencia, pues se pretende construir un escenario fundamen-

La muerte de Empédocles de Salvator Rosa. Muchas son las leyendas sobre su muerte —o suicidio—, una de ellas es que se arrojó al Etna en busca de los secretos de su interior.

tado y riguroso con todo tipo de nexos y relaciones. Un historiador de la ciencia lo tiene realmente difícil para elegir los contenidos que va a tratar y siempre hay críticas de otros colegas al prescindir de unos u otros aspectos. Hay cabida para el *ethos,* es decir, las costumbres y las rutinas de los científicos, pero poco más, pues la inclusión de otros detalles convertiría los libros de Historia de la Ciencia en ladrillos con ocasión de salvar mesas de pata coja. Si alguien quiere indagar en aspectos como la forma como murió un científico debe acudir a las biografías de dicho personaje. *Eso no estaba en mi libro de Historia de la Ciencia* pretende paliar de alguna manera esta comprensible carencia. Tal vez el lector nunca haya tenido en sus manos un libro de Historia de la Ciencia, pero en todos sus libros de texto de Ciencias siempre había pequeños recuadros o apuntes con historietas sobre la vida de los científicos. En aquellos casos y con aquellas edades se entiende que los asuntos escatológicos brillen por su ausencia. Es más, como autor de libros de texto, sé que no es de buen grado de los editores el adornar biografías con datos de este tipo.

En este volumen se han incluido historias de hombres y mujeres dedicados a la ciencia y que perdieron la vida por alguna razón que merece la pena mencionar. La elección de los científicos que se iban a incluir es una tarea verdaderamente ardua. En primer lugar, ponemos la mirada en los posibles tipos de muertes y vemos que una clasificación preliminar nos arroja casi 400 nombres con algún tipo de trágico final. Creo que estamos de acuerdo en que no se puede escribir un libro de divulgación con 400 historias. Así que se eliminan de un plumazo todos aquellos cuyo deceso se ha producido por enfermedades infecciosas no contraídas en laboratorio o en el ejercicio de su profesión. Eliminamos también el cáncer, los accidentes cerebrovasculares, los infartos o cualquier tipo de afección propia de la edad. Dejamos los descartes tal vez para otra ocasión y así reducimos la lista en aproximadamente un 60 %. Y aún hacemos otro filtro: no nos valen científicos que hicieran mucho por la humanidad, pero que fueron claramente malas personas (investigación con armas nucleares, gases tóxicos, etc.). Nos quedamos con una nómina de 150 científicos y científicas que han muerto de forma traumática o accidental.

Llegado a este punto, no se confunda el lector. Este no es un libro de muerte, es un libro de vida. Son científicos que en su mayoría se fueron precipitadamente, pero dejando mejoras en la vida del resto de la humanidad a corto o largo plazo. En algunos casos pueden incluso elevarse nuestros personajes a la categoría de héroes. En este sentido, y cada vez que aparezca un héroe de la ciencia, el criterio no será otro que el mero sesgo personal del autor. Los héroes y heroínas de este libro son personas que entienden qué es la palabra libertad, tanto la suya como la de los demás. Y hacer ciencia, querido lector, es el mayor de los actos de libertad que la humanidad ha desarrollado en toda su historia.

Con el fin de establecer una guía de lectura, acerquémonos a la estructura de la obra. El libro está escrito en cinco capítulos: el primer capítulo se dedica a científicos que murieron por la enfermedad que investigaban; el segundo está repleto de científicos asesinados, en la mayoría de los casos no directamente por su trabajo, sino en guerras, revueltas, etc.; en el tercer capítulo se habla de suicidios, lo cual no resta heroicidad a toda una vida; los accidentes de cualquier tipo son el eje central del cuarto; y el quinto y último capítulo estudia casos de muertes debido a la naturaleza, ya sea por desastres naturales o por el ataque de animales. En cada capítulo hay tres epígrafes, excepto en el primero, que solo se compone de dos. Cada uno puede acometer la lectura como quiera: de una vez si tiene la capacidad de no marearse con tanto nombre; en cinco asaltos si prefiere por capítulos; o en catorce momentos si le apetece hacer lecturas de cuarto de baño (a mi parecer, el más cómodo). Pero por favor, nunca deje un epígrafe a medias, son artículos cerrados que pierden la gracia de esta manera. Algunas historias son muy cortas, pero merece la pena tenerlas en cuenta por afinidad temática. Al final de cada relato se especifica la edad con la que murió cada científico. Se hace así porque en los libros suele venir el año de nacimiento y muerte, pero vaya usted a saber si llegó a su cumpleaños en el año de la muerte o no. Por ejemplo: Félix Rodríguez de la Fuente (1928-1980). Si no nos dicen nada de la fecha exacta, podría haber muerto con 51 o 52 años. Aunque ya sabe el lector que falleció el mismo día de su cumpleaños, con 52.

Por último, no puedo cerrar esta introducción sin dar mi agradecimiento a todas las personas que ha tenido algo que ver con la obra. Ahí van los nombres de algunas, cada uno sabe por qué: Dani Torregrosa, José Miguel Mulet, Diego Castellano, Carlos Lobato, Ignacio López-Goñi, Jesús Domínguez, Alejandro Polanco, Mariola Fernández, Vicky Fernández, Braulio López y Salvador Pérez. Tengo una deuda especial con Antonio Cuesta, por sus consejos, su tiempo, su paciencia y su profesionalidad. Y, por supuesto, a mi esposa y a mi hija, por las horas robadas.

CAPÍTULO 1

El mártir de la medicina peruana y otros casos de laboratorios mortales

En pleno siglo XXI a nadie se le ocurre montar un laboratorio sin haber establecido las normas de seguridad básicas. Incluso en los institutos de secundaria se comienza a educar en este sentido: hablar sin gritos, no correr, usar gomilla para el pelo, utilizar bata, etc. Un tipo especial de laboratorio es aquel en el que se tratan enfermedades infecciosas. Estamos acostumbrados a ver películas que muestran científicos trabajando con trajes que protegen todo el cuerpo, máscaras imposibles y grandes guantes. Los Centros para el Control y la Prevención de Enfermedades (CDC por sus siglas en inglés) son una agencia de Estados Unidos que vela por la prevención y el control de enfermedades. Un CDC tiene establecido cuatro niveles de bioseguridad. En el nivel 1 no hay un peligro detectado para los investigadores y para el medio ambiente. La diferencia con el nivel 2 es que en este ya sí que hay que tener especiales medidas con algunos agentes patógenos y con instrumental cortante. Con el nivel 3 la cosa se pone seria, son laboratorios clínicos, de diagnóstico, universitarios o de investigación. En este caso se puede producir un daño importante, tanto en el investigador como en el medio, así que es donde ya sí se toman medidas muy especiales, tanto en la vestimenta de los científicos como en las instalaciones (ventilación por flujo direccional, acceso restringido, etc.).

En España hay uno de este nivel, el Centro de Investigación en Sanidad Animal (CISA), donde se investigan enfermedades infecciosas emergentes en animales que suponen un problema económico en el sector ganadero. El nivel 4 es el de las películas de domingo por la tarde, son laboratorios en los que se trabaja con agentes biológicos que son de alto riesgo de contagio y que suponen un riesgo para la vida. El personal no es cualquiera, está instruido en el trabajo en este tipo de laboratorios. Daría un poco de grima entrar ahí. En este capítulo vamos a ver algunos casos de laboratorios mortales. Y no nos referimos a accidentes en los laboratorios de nivel 3 y 4, eso que vemos en las películas no suele ocurrir en la realidad. Es verdad que se han producido algunas infecciones graves, pero las muertes por contraer una enfermedad que se está investigando se han producido en otras circunstancias. Esta es la temática del capítulo, un recorrido por media docena de científicos y científicas que han dado su vida exponiéndose a todo tipo de patógenos: tifus, fiebre tifoidea, etc. No hemos incluido aquí los científicos que cayeron bajo la malaria y la fiebre amarilla. Los hemos clasificado en otro capítulo, ya veremos cuál es la razón.

LA BACTERIÓLOGA QUE SE PINCHÓ EN UN DEDO Y OTRAS PERSONAS QUE PERECIERON POR LA ENFERMEDAD QUE INVESTIGABAN

Cuando los nazis invadieron Polonia en los años cuarenta del siglo XX se fijaron en la actividad investigadora de un médico de la ciudad de Leópolis. Le obligaron a establecer una planta de producción de vacunas, en concreto una que él mismo había desarrollado. Sería el ya extinto Instituto Weigl, fundado por el polaco Rudolf Weigl (1883-1957) para la producción en serie de su propia vacuna contra el tifus. En 1909 Charles Nicolle había descubierto que el piojo humano (*Pediculus humanus*) es el responsable de transmitir la enfermedad, así que Weigl se puso a experimentar con piojos. El método ideado por él para luchar contra el tifus no estaba exento de peligro, pero era lo único efectivo que había en el momento. Él mismo contrajo la enfermedad y pudo recuperarse. Si Weigl forma parte de esta introducción no es por una muerte peculiar, sino porque fue un héroe en vida. De hecho murió con 73 años y ya retirado.

Rudolf Weigl no tuvo más remedio que operar para la Alemania nazi, pues su descubrimiento se dio solo unos pocos años antes de la ocupación. Podría haberse negado por sus convicciones. ¿Por qué iba a fabricar vacunas para las personas que los invadían? Porque tenía un as debajo de la manga: se jugó su propia vida. Durante el periodo de ocupación hizo todo lo posible para proteger a los empleados de su instituto de la deportación sistemática e inhumana. En el momento de la primera deportación de la población judía de Leópolis se le hizo la oferta de liderar como académico el Instituto de la Academia de Moscú. Rehusó y consiguió la promesa de que se ampliarían sus instalaciones y se protegería a su gente. Pero lo cierto es que los miembros de la Gestapo preferían no acercarse mucho a aquellas extrañas personas ataviadas con bata y que andaban jugando con piojos, pues morirse de tifus en la época no era nada difícil. Una de las ideas geniales de Weigl fue dotar a todos sus empleados de una enorme tarjeta de identificación, que más o menos vendría a decir «Apestado». Gran parte de esa plantilla era conocida como «los alimentadores». Durante una hora al día se sujetaban una correa al muslo, que estaba repleta de piojos que se alimentaban del humano. Weigl dio asilo en su instituto a todo tipo de profesores universitarios que quedaron desempleados. Entre ellos a los científicos Stefan Banach, Jerzy Albrecht, Felix Baranski, Bronislaw Knaster, Wladyslaw Orlicz, Tadeusz Baranowski, Ludwik Fleck, Seweryn y Helena Krzemieniewski. Incluso el director de orquesta Stanislaw Skrowaczewski dio su sangre a los piojos salvadores. Weigl fue un héroe en vida, no solo porque salvó a la gente que tenía justo alrededor. Hagamos una parada para hablar de científicos que murieron por tifus u otras dolencias debido a sus investigaciones; al final tendremos tiempo de terminar la historia de este maravilloso polaco que sacaba pecho a los soldados alemanes.

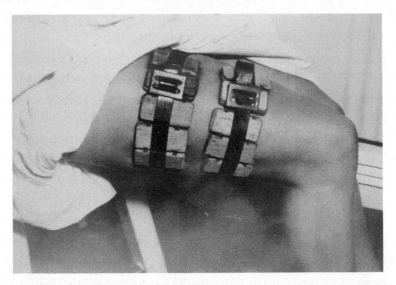

Los piojos se encerraban como en unas jaulas que se ataban al muslo de los alimentadores para poder generar la vacuna de Weigl.

Doce años antes de que el Dr. Weigl viniera a este mundo, nacía en Ohio el bacteriólogo Howard Taylor Ricketts (1871-1910), en la relativa tranquilidad de la otra parte del charco. Dedicó su no muy larga existencia a la investigación de enfermedades infecciosas, microscopio en mano. Fue quien averiguó que la garrapata de distintas especies es el vector de la fiebre de las Montañas Rocosas, Chicago. Advirtió ciertas similitudes entre esta fiebre y el tifus. En México DF había aparecido un importante brote de modorra o tabardillo, que es como se conoce allí el tifus, por lo que quiso aprovechar la oportunidad. En realidad, se trataba del tifus murino o endémico, transmitido por las pulgas de las ratas (*Xenopsylla cheopis*). Allí duraría menos de un año, pues contrajo la enfermedad que quería estudiar y murió en mayo de 1910. Se cuenta que él mismo se inoculó el patógeno para ver los síntomas, pero parece que es un rumor. Tal vez el origen sea que sí se infectó deliberadamente de blastomiscosis, en su primera época de investigador en la que se comía el mundo, pero lo pasó tan mal que reconoció que no era un buen método de investigación. Por tanto es muy probable que enfermara por alguna imprudencia o por cualquier azar desafortunado. Tenía tan solo 39 años. Dos años después su viuda, Myra donó 5.000 dólares a la Universidad de Chicago para que fuese empleado en un premio a los estudiantes investigadores.

Contemporáneo de Ricketts y muy ligado a él por razones que vamos a ver enseguida, fue el checo Stanislaus von Prowazek (1875-1915). No estudió Medicina, sino Zoología, a caballo entre Praga y Viena, lo que no le impidió dedicarse a la parasitología. Tras un corto periodo trabajando como zoólogo, comenzó a dedicarse a la bacteriología y llegó a ser uno de los más reputados del momento. En Batavia descubrió —junto a Ludwig Halberstädter— el agente responsable del tracoma (inflamación de la conjuntiva del ojo), conocido como cuerpos de inclusión de Prowazek-Halberstädter

(*Chlamydia trachomatis*). Realizó investigaciones de varias enfermedades infecciosas por varios países, incluido España. A partir de 1913 comenzó a investigar una forma especialmente devastadora de tifus, el tifus exantemático epidémico. Recordemos que cuatro años antes Charles Nicolle había descubierto que el agente propagador era el piojo humano, razón por la que recibió muy merecidamente el Premio Nobel de Medicina o Fisiología, en 1928. Este tipo de tifus se expande con rapidez en épocas de guerra y otros desastres, aprovechando las bajas condiciones de salubridad. Prowazek trabajó duro junto a Henrique da Rocha Lima para identificar el patógeno. Ambos se infectaron de tifus, pero solo Prowazek murió por la enfermedad el 17 de febrero de 1915. Su colega Rocha Lima nombró al patógeno *Rickettsia prowazekii*, para recordar a su compañero.

Recapitulemos en este punto y veamos la analogía entre Ricketts y Prowazek. Hoy sabemos que las *rickettsias* son un grupo de parásitos que corresponden a un mismo género y que pueden producir varias enfermedades: tifus clásico (piojos humanos), tifus murino (pulgas de ratas) y la fiebre de las Montañas Rocosas (garrapatas). Ambos iban tras la pista de un patógeno muy parecido. Los dos murieron infectados por una forma de tifus. Y Prowazek también murió con 39 años. Los dos quedaron unidos para la posteridad en el nombre de un microbio. Verdaderos héroes de la ciencia.

LOS MÉDICOS DE LA PESTE NEGRA
Y EL HOMBRE DE HIERRO

La plaga de Justiniano en el siglo VI parece ser la primera pandemia de peste bubónica de la que se tiene constancia. Sin embargo, en el siglo XIV se propagó con rapidez por toda Europa y fue el mayor brote conocido en la historia. Se estima que la también conocida como peste negra terminó con un tercio de la población mundial.

Disección de ratas durante la plaga de peste
bubónica en Nueva Orleans, 1914.

En aquella época apareció la figura de «médico de la peste negra», un especialista en tratar con cuidados paliativos a los enfermos de la peste. Eran las propias ciudades las que los contrataban y no se tiene constancia de cuántos de ellos morirían al contraer la enfermedad. Tal vez el ojo inocente observe aquí un acto de solidaridad, pero los sueldos de estos doctores podían cuadruplicar el de un médico normal. Hoy no tenemos esos médicos y nos parece que estamos a salvo de la peste bubónica. No hay que asustarse, en verdad que en nuestro bienestar del siglo XXI es prácticamente imposible contagiarse por la picadura de la pulga de una rata, que es el vector de esta enfermedad. A no ser que se trabaje directamente con el patógeno y se tenga algún tipo de patología que propicie el contagio. El estadounidense Malcolm Casadaban (1949-2009) trabajaba con una cepa atenuada del microbio *Yersinia pestis*, uno de los responsables de la peste. Se contagió, a pesar del carácter atenuado de la cepa, algo que causó gran sorpresa en el círculo donde se movía. El análisis *post mortem* reveló algo curioso: Casadaban presentaba hemocromatosis, una enfermedad hereditaria que provoca una excesiva acumulación de hierro en los órganos y en el sistema nervioso. Precisamente la forma de atenuar la cepa infecciosa de *Yersinia pestis* fue provocándole un defecto en su capacidad de obtención de hierro. Una posible explicación, por tanto, es que Casadaban murió a los 60 años de peste porque su enfermedad hereditaria sirvió como despertador de una cepa atenuada.

Daniel Alcides Carrión.

EL PERUANO QUE SE INYECTÓ UNA VERRUGA

Pocos casos son tan sorprendentes en la historia de la medicina como el del estudiante peruano Daniel Alcides Carrión García (1857-1885). A «Carrioncito» su afición por la medicina le venía de familia, pues su padre fue un médico ecuatoriano. Sus enseñanzas medias las recibió en Lima entre 1873 y 1878, mientras se construía la línea ferroviaria hacia la ciudad de La Oroya, a menos de doscientos kilómetros de distancia. Muchos trabajadores de las vías férreas sufrían la fiebre de Oroya, que consistía en extrañas fiebres y lesiones verrucosas. Aquello se quedó grabado en su retina.

Al término de su bachiller estudió Medicina y en 1884 ya estaba realizando prácticas clínicas en el Hospital de San Bartolomé de Lima. Sintió gran curiosidad por dos enfermedades: una fue la ya mencionada «fiebre de Oroya» y la otra se conocía como «verruga peruana». Se parecían mucho, la única sutil diferencia es que en la primera morían y en la segunda tenían menos síntomas y presentaba un mejor pronóstico. Carrión quiso conocer de primera mano el pródromo de la verruga peruana e hizo algo que en la época no era nada raro: con la ayuda del Dr. Evaristo Chávez se inoculó fluidos procedentes de la verruga de una paciente llamada Carmen Paredes. Más de veinte días después, el 17 de septiembre, comenzaron los síntomas: malestar general y dolor en un tobillo; más adelante vinieron las fiebres, los escalofríos, cefaleas, insomnio, etc. Fue especialmente meticuloso en la toma de apuntes de todos sus síntomas. No pudo terminar su historia clínica personalmente, pues a partir de 26 de septiembre comenzó a delirar y pidió a sus compañeros que siguieran escribiendo por él. El 2 de octubre, justo antes de entrar en coma concluyó:

> «[…] hasta hoy había creído que me encontraba tan solo en la invasión de la verruga, como consecuencia de mi inoculación, es decir en aquel período anemizante que precede a la erupción, pero ahora me encuentro firmemente persua-

dido de que estoy atacado de la fiebre de que murió nuestro amigo Orihuela: he aquí la prueba palpable de que la fiebre de la Oroya y la verruga reconocen el mismo origen».

Por si no ha quedado claro, se infectó una enfermedad, la verruga peruana, pero acabó manifestando los síntomas de otra enfermedad, la fiebre de Oroya. Había demostrado entregando su vida que las dos enfermedades tenían el mismo origen. Daniel Carrión falleció casi a medianoche, el día 5 de octubre de 1885. Su muerte tuvo un gran eco en los diarios, en algunos se hablaba de suicidio u homicidio involuntario. El Dr. Chavez, quien realizó la inoculación, tuvo que ir a juicio, pero quedó absuelto. La propia revista *El Monitor Médico* censuró la experiencia de Carrión, aunque reconocía el logro de su resultado científico. Al pie de la tumba el Dr. Almenara Butler, que llegaría a ser ministro, dio un largo discurso de despedida. Sus últimas palabras fueron:

> «Daniel Carrión, tú que has muerto por algo más grande que el interés material, tú que has sabido honrar a tu patria legando a su medicina el experimento de tu muerte por una enfermedad, que hoy sabemos que es inoculable, recibe allá en la eternidad el galardón de tu empresa humanitaria».

El joven estudiante no hablaba en sus escritos en absoluto de gérmenes, bacterias ni nada por el estilo, como a veces se ha divulgado. Ni tan solo buscaba llegar a las conclusiones a la que llegó, no quería morir ni hizo un experimento como si fuera una apuesta entre vida y gloria. Pero alcanzó la gloria de la heroicidad hasta el punto de que lo llaman el «mártir de la medicina peruana» y el día de su muerte es el día nacional de la Medicina en Perú. El logro de Carrión fue descubrir que la fiebre de la Oroya y la verruga peruana presentaban la misma etiología. No fue hasta 1905 que Alberto Barton encontró los bacilos responsables de ambas mal supuestas distintas enfermedades. En 1913 un grupo de médicos de la Universidad de Harvard confirmó estos hallazgos y nombraron al patógeno como *Bartonella bacilliformis*. Personalmente le habría puesto *Carrioncitus bacilliformis*, por honrar la memoria de aquel entusiasta aprendiz de médico de 28 años.

LA MORTÍFERA MARÍA TIFOIDEA Y LA MALA SUERTE DE LA GEMELA PATÓLOGA

Es posible que este nombre le diga algo: Paciencia Melgar. Todo depende de su memoria o del tiempo que tuvo para estar atento de las noticias en el año 2014. Otra pista, María Teresa Romero Ramos. Fue la auxiliar que se contagió de ébola mientras atendía a Manuel García Viejo, el segundo misionero que se repatrió en España. Teresa es el primer caso de contagio de ébola en toda Europa y salió viva, no sin pasar antes un crítico mes de octubre. «Supliqué que me ayudaran a morir», le llegó a decir a sus compañeros. Pero ellos non desistieron ni bajaron la guardia. Fue tratada con Favipiravir y un suero hiperinmune de un donante. El suero consistía en plasma sanguíneo de una persona que ha superado la infección por sí misma, en el caso de Teresa fue la religiosa Paciencia Melgar la que donó su sangre. Gracias a ello —como se dijo en su momento— Teresa salvó la vida, aunque hay estudios actuales que ponen en duda la eficacia de ambos tratamientos.

El relato de la curación de Teresa nos sirve para puntualizar la diferencia entre inmunización y vacuna, para así dar paso a nuestra siguiente historia. Si bien con una vacuna nos inmunizamos, no todas las inmunizaciones son gracias a una vacuna. Estar inmunizado significa que nuestro organismo ha conseguido crear anticuerpos ante la presencia de un determinado patógeno. Podemos inmunizarnos de forma natural, por decirlo de algún modo, o de forma artificial. No soy amigo de este tipo simplista de demarcación, pero es lo más claro en este caso. La forma natural es aquella en la que respondemos a la infección antes de que la enfermedad acabe con nosotros. Una vez hemos pasado la enfermedad y la hemos vencido, ya estamos inmunizados ante ella para las siguientes ocasiones. Pero hay casos en los que la enfermedad produce una infección más rápida y no nos da tiempo a crear anticuerpos antes de que palmemos; en estas situaciones debemos vacunarnos para tener listos los anticuerpos de forma previa al contagio. Algo muy distinto es el portador de una enfermedad. Un portador alberga en su interior un patógeno, pero no muestra síntomas ni sufre la enfermedad. Puede infectar a otras personas por algún tipo de vía. Aquí donde entra en juego la escalofriante María Tifoidea, que dejó un rastro de muerte allí por donde pasaba.

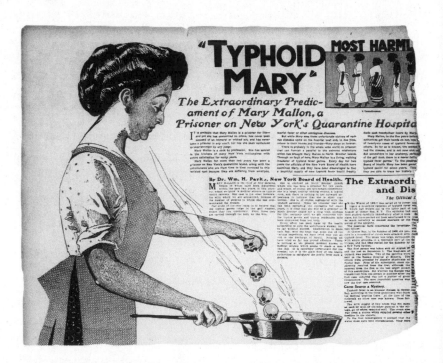

María Mallon en el periódico *New York American*, en un artículo del 20 de junio de 1909. Esta publicación fue la que la bautizó como «María Tifoidea».

Fue identificada como la primera portadora de fiebre tifoidea en Estados Unidos. Maria Mallon (nombre real) fue cocinera de profesión y emigró desde Irlanda cuando era adolescente. Trabajó durante un tiempo en el estado de Nueva York, primero en una casa de Mamaroneck. Durante el año 1900 y en menos de dos semanas los residentes de la misma contrajeron fiebre tifoidea. Al año siguiente se mudó a Manhattan y allí también enfermaron los miembros de la familia. En casa de un abogado también repartió: siete de ocho tuvieron fiebre tifoidea. Siguió esparciendo su semilla del horror en 1906 cuando contagió a la mitad de una familia en Long Island. Le siguieron otras cinco casas, pero en una de ellas se contrató a George Soper, un especialista que investigaría a las más que sospechosa Maria Mallon. Soper llegó a pedirle con educación muestras de orina y de heces, pero ella rehusó, convencida de que no tenía nada que ver. En aquel momento no se habría parado a pensar en la nómina de enfermos y cadáveres que había dejado detrás de ella. Tuvo que intervenir el Departamento de Salud de Nueva York, enviando a la médico Sara Josephine Baker, con el fin de que tuviera una conversación con la presunta portadora. Mallon no entendía nada, Baker dijo que «en ese momento ella estaba convencida de que la ley la perseguía sin haber hecho nada malo». En unos días Baker volvió con unos agentes y la tomaron en custodia para realizarle pruebas. Las muestras de orina y de heces evidenciaron que presentaba multitud de bacterias tifoideas. Estuvo en cuarentena y solo pudo ser liberada cuando aceptó cambiar de profesión y llevar a cabo unas medidas de higiene que no frecuentaba. La ironía es que murió de neumonía. En este caso los héroes son los otros, los cincuenta infectados y tres muertos que dejó detrás.

La inmunidad a la fiebre tifoidea es lo que buscaba Edith Jane Claypole (1870-1915), así que le habría venido al pelo el caso de María Tifoidea. Tenía una hermana gemela, Agnes, que tuvo el acierto de no dedicarse a lo mismo que

Rudolf Weigl.

Edith. Agnes fue zoóloga y profesora de Ciencias. Vivió casi cuarenta años más que su hermana. Lo cierto es que en aquella época ya había una primera vacuna que la propia Edith había utilizado para poder realizar sus investigaciones. La causa de su muerte no está clara, pero su valentía al exponerse al patógeno durante varios años pudo ocasionarle la enfermedad. Se cuenta que podría haberse producido el contagio en una bajada de defensas durante una operación de apendicitis. Sea como fuere, es nuestra heroína de la fiebre tifoidea, fallecida con solo 45 años.

* * *

No debemos confundir la fiebre tifoidea con el tifus, aunque la proximidad fonética nos tiente a ello. Volvamos al caso del tifus y a la historia del médico polaco Rudolf Weigl, que fue obligado a fabricar la vacuna para los alemanes. No solo ayudó a sus colegas científicos al contratarlos en su fábrica de alimentadores de piojos, Weigl fue un héroe sin duda al colaborar en secreto con el AK, el Ejército polaco de la resistencia. Realizó varios envíos ilegales de su vacuna al gueto de Varsovia y a otros guetos en ciudades importantes. Los judíos allí hacinados estaban sufriendo múltiples bajas por los distintos brotes de tifus, algo que a los nazis incluso les vendría bien. Pero la humanidad de Weigl estaba por encima de su instinto de supervivencia e incluso fue lo suficientemente valiente como para rechazar una especial ciudadanía alemana que le ofrecieron, respondiendo a un importante militar alemán: «Como biólogo, conozco el fenómeno de la muerte; acépteme como profesor polaco de nacionalidad polaca».

La famosa Ana Frank y su hermana Margot no pudieron salvarse de morir por tifus en el campo de concentración de Bergen-Belsen, en 1945. A ella no la mandaron a Varsovia, pues allí fueron enviados sobre todo los judíos polacos. Ana Frank era alemana y no tuvo la oportunidad de beneficiarse de la cura de Weigl. En cualquier caso, un año antes el Instituto Weigl ya había cerrado sus puertas. En el gueto de Varsovia murieron casi medio millón de personas, bastantes de ellos por tifus, pero muchos fueron salvados por la mano solidaria de Weigl. No todos, es cuestión de suerte, de estar en el sitio adecuado a la hora adecuada. En 1943 la microbióloga Dora Lush (1910-1943) moría en Melbourne, en una tranquilidad ajena al Holocausto. Sin embargo, un pinchazo desafortunado en una mano le produjo tifus y murió con tan solo 32 años. Un simple cambio en una variable nos lleva de un sitio a otro. Puedes morir por estar en el sitio equivocado a la hora equivocada, o salvar la vida por un azar de última hora. La letra de la canción de *El pianista del gueto de Varsovia* de Jorge Drextler expresa perfectamente esta idea. Hace referencia al calvario que vivió el pianista Wladyslaw Szpilma y que quedó reflejada en la película *El pianista*:

> *Yo tengo tus mismas manos.*
> *Yo tengo tu misma historia.*
> *Yo pude haber sido el pianista del gueto de Varsovia.*

EL ELEMENTO ASESINO Y OTROS NIÑOS MALOS DE LA TABLA PERIÓDICA

Se conoce como «mártires del flúor» a todos aquellos científicos, en su mayoría químicos, que tuvieron el valor de intentar aislar este halógeno situado en la novena casilla de la tabla periódica, entre el oxígeno y el neón. El flúor es el más desvergonzado de todos los elementos, su promiscuidad le hace reaccionar prácticamente con todos los elementos. Es más, consiguen tener relaciones con el radón y xenón, los cuales son gases nobles y no necesitan pareja de ningún tipo. Es algo parecido a Mickey Rooney, que sin ser un *sex symbol* se llegó a casar hasta en ocho ocasiones, con bellezas como Ava Gardner.

Mickey Rooney.

Rooney y el elemento flúor comparten algo: es difícil verlos solos. Pero durante tres cuartos de siglo se empeñaron en separarlo de los compuestos que formaba, con resultados desastrosos. Ampère encontró que el entonces llamado ácido muriático guardaba mucha relación con el ácido clorhídrico. Y acertó, pues el primero hoy se llama ácido fluorhídrico, de fórmula química HF, mientras que el ácido clorhídrico es HCl. Su intuición la compartió con el inglés Humphry Davy, pues por entonces se había convertido en un experto en separación de sustancias mediante la técnica de la electrolisis. Poco tiempo después, y tras perder un ojo, Davy consiguió demostrar que Ampère tenía razón y que ahí había un elemento nuevo al que llamó flúor en 1813. A partir de aquí empieza la locura de accidentes de todo tipo, pues el gas de cloro es altamente tóxico por las razones que se han descrito arriba. El propio Davy fracasó. Otros se empeñaron por métodos químicos, los hermanos Knox se intoxicaron gravemente y Paulin Louyel murió por la inhalación de los gases. No fue hasta 1886 que Henri Moissan consiguió aislar este elemento asesino, por lo que recibió el Premio Nobel de Química en 1906. Poco tiempo después murió de apendicitis, después de dos semanas desde el comienzo de los dolores. Moissan tenía 54 años y, obviamente, estaba en el punto más alto de su carrera.

DE APRENDIZ DE FARMACÉUTICO
A HOMBRE DE CIENCIAS

Entre los mártires del flúor no se suele incluir a un aprendiz de farmacia que se convirtió en uno de los mas grandes hombres de ciencia de la historia: el farmacéutico sueco Carl Wilhelm Scheele (1742-1786). Sí, farmacéutico, no químico. Al menos de formación. Suele hablarse de él como el verdadero descubridor del oxígeno y de otros cuatro elementos sin darse ni cuenta: bario, cloro, manganeso y molibdeno. Pero nosotros vamos a pararnos en hacer un breve recorrido hasta antes de llegar a esos descubrimientos, puesto que la etapa formativa de Scheele es menos conocida.

Scheele fue un trabajador humilde que tuvo que atravesar varias fronteras geográficas y sociales para conseguir apoyo de la comunidad científica. Le tocó vivir un contexto en el que el telón de fondo era la mineralogía dominante, lo cual significaba que había un énfasis en la química mineralógica por encima de la química farmacéutica. De hecho, esta diferencia es anacrónica, no había una distinción clara entre la mineralogía y la química, lo cual significó un apoyo por parte del Gobierno sueco a la química. A los farmacéuticos se les consideraba artesanos bajo el control de los médicos, alejados de la actividad científica y académica. Los farmacéuticos no formaban parte del elenco de personas invitadas a la fiesta de la producción de conocimientos, por lo que a Scheele no se le permitió publicar nada bajo su propio nombre. No fue hasta que se unió al ambiente de los químicos mineralógicos que se le permitió entrar en el círculo de publicaciones y divulgación de sus resultados. Una vez en el sistema, aprendió mediante el intercambio de experiencias con otros químicos. Por tradición familiar, con solo catorce años fue enviado como aprendiz con el farmacéutico Martin Andreas Bauch en Gotemburgo. Tras ocho años consiguió su certificación de oficial y se empleó en la farmacia de Peter Magnus Kjellström, en Malmö, una ciudad al sur de Suecia, cercana a Copenhague. Tanto Bauch como Kjellström lo animaron a hacer experimentos y le dejaron usar el laboratorio a sus anchas, no en horarios de trabajo. No sé bien qué pasaría si hacemos eso hoy en un instituto con adolescentes acostumbrados a ver experimentos explosivos por YouTube.

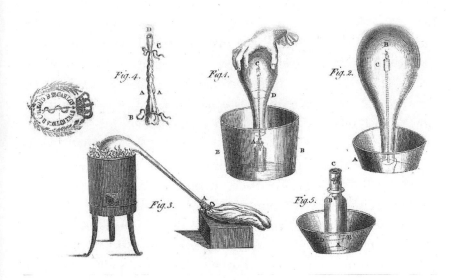

Placa de las observaciones químicas y experimentos de
Scheele sobre aire y fuego (traducción de 1780).

En fin, lo que sí hizo Scheele fue leer todos los libros de Química que pudo e incluso gastar su dinero en la compra de libros en Copenhague, con el único fin de seguir aprendiendo por su cuenta. Su primer contacto con la química académica fue a través de su amigo Anders Jahan Retzius, quien también tuvo un pasado farmacéutico. Tras una etapa en Estocolmo, que coincidió también con Retzius, fue a trabajar desde 1770 a la farmacia *Upland's Arms* de Uppsala, la capital de la mineralogía. Las intenciones de Scheele en Estocolmo estaban dirigidas a ser descubierto por los químicos de allí, pues la farmacia en la que trabajaba le daba opción a establecer relaciones con los estudiantes de Química de la Universidad de Uppsala, una realidad que había aprendido de Retzius. Poco a poco se fue ganando una reputación con sus experimentos, que a través de la correspondencia comenzó a compartir con algunos químicos.

Cuando por fin publicó en *Transactions* sintió por primera vez el apoyo público de los químicos. En 1774 por fin vendría el premio Gordo: fue propuesto para convertirse en miembro de la Real Academia Sueca de las Ciencias. Sería elegido al año siguiente. El ascenso en su vida fue aún mayor cuando en pocos meses obtuvo en propiedad una farmacia de Köping, donde se trasladó el resto de su vida. A partir de entonces se convirtió en su propio jefe, así que no tenía que usar las horas de descanso para investigar. Le quedaría tiempo para su laboratorio y para mantener frescas las relaciones con sus contactos científicos a través de la correspondencia. Y todo tras quince años de trabajo y buenas relaciones. El resto ya lo conoce: el descubrimiento de los elementos y llevar a Suecia a la cumbre de la ciencia. Scheele es el héroe científico perfecto: comienzos humildes, descubrimientos milagrosos, fama mundial y muerte por su trabajo. Efectivamente, se cuenta que murió intoxicado por tantas horas en sus laboratorios farmacéuticos. Tal vez por mercurio o por flúor. Falleció con 42 años, en tiempos en los que la autopsias todavía no eran carne de noticiario.

SOLO UNAS GOTITAS

Hay sustancias que no son nada buenas para nosotros, ni tan solo unas gotitas. La hidrargiria es una enfermedad que se debe a la exposición al mercurio o a alguno de sus compuestos. Cuando era niño, e incluso adolescente, jugaba formando bolitas de mercurio con gotas que provenían de un termómetro. Hoy los termómetros de mercurio están prohibidos en todos los centros docentes. Lo que para mí fue un juego, para los niños de hoy sería una temeridad impensada. Pertenezco a esa generación de supervivientes de los ochenta que viajaban sin sillita en el coche y sin casco en la bicicleta. Son los tiempos que corren, podríamos pensar, pero no es ninguna exageración. Se pueden producir daños en el cerebro, en los riñones y en los pulmones.

El mercurio es asimilado con rapidez por los pulmones y no somos capaces de olerlo. A continuación entra en la circulación por su alta disolución en grasas y puede subir al cerebro, pasando la barrera hemoencefálica. Y se queda en nuestro organismo sin pedir permiso, como ese típico primo lejano que se te presenta en tu casa de verano, sin llamar y sin fecha de salida. Realmente el contacto con mercurio líquido no es el problema, lo que realmente es chungo es el vapor de mercurio. Aquí sí hablamos del mercurio como elemento. Cuando empiezan a entrar en juego los distintos compuestos, se abre todo un campo para los especialistas en la intoxicación por mercurio. Se debe tener en cuenta, además, la dosis, la forma de intoxicación y el tiempo de exposición. Todo un museo del espanto, pero centrémonos en solo dos moléculas. Una nos llevará a la otra y de ahí a nuestra científica heroína.

La principal fuente de entrada de mercurio en todos los organismos es el metilmercurio, pues se trata de un catión con la capacidad de entrar en las cadenas alimentarias y pasar de unas especies a otras sin dificultad. Ha estado presente en varios envenenamientos masivos. El primer caso es de la década de los cincuenta del siglo XX, en Minamata (Japón), por consumo de pescado con altas concentraciones del catión debido a aguas contaminadas por residuos industriales. Unos años después saltó la alarma en otra ciudad de Japón, en Niigata. Cuando en Irak fueron afectadas unas 6.500 personas y se dieron casi 500 muertes, entre 1971 y 1972, ya se había detectado el problema. Desde entonces, el metilmercurio y sus derivados son uno de los venenos más estudiados de la historia. Como dijo Sun Tzu en *El arte de la guerra*: «Si conoces a los demás y te conoces a ti mismo, ni en cien batallas correrás peligro; si no conoces a los demás, pero te conoces a ti mismo, perderás una batalla y ganarás otra; si no conoces a los demás ni te conoces a ti mismo, correrás peligro en cada batalla». Alguna traducción cambia «demás» por «enemigo», es decir, si conoces al enemigo y te conoces a ti mismo, vencerás.

$$H_3C - Hg - CH_3$$

La molécula de dimetilmercurio es capaz de traspasar la barrera de un guante de látex. Así fue como falleció la química Karen Wetterhan.

Es lo que probablemente pensaría la química neoyorquina Karen Wetterhan (1948-1997), profesora y experta en intoxicaciones por metales pesados. Su caso sirvió a la comunidad científica para poder replantear los protocolos de seguridad al trabajar con un derivado del mercurio, en concreto el dimetilmercurio. Se parece mucho al metilmercurio. El metilmercurio no es más que un radical metil (CH_3) con un átomo de mercurio, que forma así un catión. Si al mercurio se le unen dos radicales metil por ambos lados, lo que tenemos es una molécula —no un catión— de dimetilmercurio. Con esta sustancia investigaba la profesora Wetterhan, muy acostumbrada a seguir todos los protocolos de seguridad en lo que a sustancias tóxicas se refieren. No fueron suficientes.

El 14 de agosto de 1996 Karen estaba realizando un estudio sobre cómo los iones de mercurio interactúan en el proceso de reparación del ADN. Como cualquier día, tenía sus guantes de látex bien ajustados y tomó dimetilmercurio con una pipeta. A pesar de estar cerrada, cayeron una o dos gotas sobre su protegida mano por el látex. No le dio importancia, había seguido todas las recomendaciones. Antes de quitarse los guantes y la ropa, limpió todo el material para no contaminarse. No hubo una consecuencia inmediata, hasta que no pasaron tres meses no comenzó a sufrir malestar abdominal y una preocupante pérdida de peso. En enero de 1997 aparecieron los síntomas neurológicos típicos de intoxicación por mercurio. En el hospital que la ingresaron se determinó que el nivel de mercurio en sangre superaba en 80 veces el umbral tóxico. Ahí es nada. La terapia de quelación para metales pesados cayó en saco roto, era demasiado tarde. Karen fue una verdadera heroína de la ciencia, pues gracias a ella sabemos que el dimetilmercurio atraviesa en pocos segundos barreras de látex, PVC, butilo y neopreno, y es absorbido sin problemas por la piel. Las normas de seguridad para la manipulación de la sustancia se han hecho más severas, pues solo unas gotitas envenenan a una persona hasta la muerte. Wetterhan murió con 48 años y en menos de un año tras su exposición.

EL ALBAÑIL QUE MURIÓ ENVENENADO
POR COLECCIONAR CONCHITAS

Del mismo modo que en el caso del mercurio, el arsénico, ya sea puro o cualquiera de sus compuestos, puede producir intoxicación en el ser humano. Algunos compuestos de arsénico son de más fácil acceso, así que su historia como agente asesino o suicida es más larga.

El arsénico se presenta principalmente de dos formas: orgánico e inorgánico. Hay varios minerales que contienen arsénico y, entre ellos, el veneno de ratas, el trióxido de diarsénico. Pero nos interesa el jabón arsenical de Bécoeur y la conservación de especímenes. A mediados del siglo XVIII se convirtió en un problema la conservación de aves y mamíferos que estaban llegando de las exploraciones de los naturalistas. Se hicieron pruebas de todo tipo: sales, vinagre, alcanfor, incluso tabaco. El farmacéutico francés Jean-Baptiste Bécoeur dio con la clave: una mezcla de varias sustancias, que guardó con recelo. En vida le valió varios enemigos, pues lo acusaron de querer lucrarse y de no hacer nada por el avance de la ciencia. Bécoeur respondía que su fórmula era el resultado de largas y costosas investigaciones, lo cual no estaba lejos de la realidad, pues experimentó con unos 50 productos diferentes. Murió en 1777 y hasta 20 años después no se conoció la composición de aquel mejunje. Un sobrino del taxidermista trabajaba como ayudante en el Museo de Historia Natural de París, donde se exponían muchos de los especímenes de su tío. Fue el vivo ejemplo de que los secretos son secretos hasta que se los cuentas a una persona. Como en un secreto de patio de colegio, le explicó en confianza cómo debía hacer la preparación al taxidermista Louis Dufresne, y este se lo chivó al naturalista François Marie Daudin, quien a su vez lo publicaría sin tapujos en un tratado de ornitología en el año 1800. El jabón arsenical contenía en unas proporciones concretas alcanfor, jabón, carbonato de potasa, cal en polvo y, por supuesto, trióxido de diarsénico pulverizado. Recientemente se han analizado muestras de especímenes de la época inmediatamente posterior, mediante procedimientos físicos no destructivos (ICP-AES) y se ha encontrado arsénico en muchas de ellas. Fue por tanto una técnica muy usada que ha permitido a los ornitólogos poder estudiar especies que tal vez hoy estén extintas. Pero recuerde, es arsénico, un potente veneno, así que en la actualidad se ha sustituido su uso por sales especiales para la conservación.

Remontémonos ahora al pasado y veamos tres casos de libro de envenenamiento por arsénico.

A pesar de que en Francia se restringió el uso del jabón arsenical a partir de 1846, en otros países aquello no ocurriría. El farmacéutico estadounidense John Kirk Towsend (1809-1851) se interesó por la historia natural y por crear una colección de pájaros. Tuvo la suerte de disfrutar de una expedición a las Montañas Rocosas de Colorado, por invitación de un amigo botánico. Llegó a descubrir varias especies nuevas, como «la reinita de Towsend» (una especie de gorrión con la cara amarilla) y otras que también llevan su apellido incluso en su nombre científico (*Setophaga townsendi*). Pero para conservar su amplia colección debía utilizar los métodos de taxidermia más innovadores del momento. Se decía que murió debido a un ingrediente secreto del preparado que usaba para disecar sus muestras. Obviamente ese ingrediente secreto era el arsénico, que acabó con él a los 41 años.

La reinita de Towsend, descubierta por John Kirk Towsend, envenenado por arsénico al preparar sus especímenes.

On Stone by Wᵐ E Hitchcock

The Northern Sea Eagle.

Geo. G White del.   Lith. Printed & Col.ᵈ by J.T.Bowen, Phil.

Haliaëtus pelagicus (Pallas)

Quien descubrió casi doscientas especies de aves fue el también estadounidense John Cassin (1813-1869), no sin preocuparse por haberse «hipotecado de manera perpetua al arsénico y la enfermedad hepática». Y así fue, murió por intoxicación de arsénico con 55 años. Su colección de 4.300 aves fue comprada por la Universidad de Brown en 1871 por 5.000 dólares, un precio muy bajo para morir, incluso en su época.

Es difícil seguir la pista de todos los científicos que han muerto por envenenamiento debido al arsénico. Tal vez el caso más sorprendente y poco conocido sea el de un albañil de oficio llamado Henry Hemphil (1830-1914). Muchos edificios viejos de ladrillo de San Diego (EE. UU.) son obra suya, incluida la casa donde vivió durante gran parte de su vida. Este humilde artista del ladrillo tenía un *hobby*: coleccionaba conchas, razón por la cual se ha escrito que era malacólogo (especialista en moluscos). Muy deteriorado, pasó los últimos cinco años de vida con su hija en Oakland, California. Tal era su pasión por aquellos calcáreos trozos que ya septuagenario viajó al Gran Cañón para ampliar su colección. Poco más duró. Cuando los científicos venían de vuelta, el arsénico que había usado en la preparación de sus conchas lo acabó envenenando, a pesar de que ya tenía 74 años.

LA RUSA QUE MURIÓ POR UNA OBSESIÓN

Siguiendo nuestro acercamiento a los elementos gamberros de la tabla periódica, haremos una breve parada en el fósforo y el oxígeno. Realmente el fósforo no es un veneno; es más, se trata de un elemento esencial para la vida y que forma parte de las moléculas de ADN y ARN, por ejemplo. Sobre el oxígeno no hay nada que decir que no sepa. Tampoco es un veneno. Está presente en el aire y sin él no podemos hacer nada. «Como el aire que exigimos trece veces por minuto», que decía Celaya. Sin embargo, algunos compuestos de fósforo y de oxígeno son peligrosos, y el propio oxígeno molecular libre en el aire puede ser letal por su alta inflamabilidad. Traemos dos historias, una sobre el fósforo y otra sobre el oxígeno. Un cuarto apunte será ofrecido a modo de conclusión y nexo con el principio de esta sección.

El primer libro de texto de Química de Rusia fue escrito por Vera Yevstafievna Popova (1867-1896), una de las primeras mujeres químicas rusas. Popova se tuvo que ir a Suiza para estudiar. Puso un interés en sintetizar la molécula de metilidinafosfano, un compuesto de fósforo cuya fórmula química es $H-C\equiv P$. Su director de tesis la persuadió y acabó investigando sobre la dibencil cetona y sobre ella versó su trabajo de doctorado en la Universidad de Ginebra. En 1892 volvió a su ciudad natal, San Petesburgo, para dar clases de Química. Fue una académica más que tuvo una gran actividad respecto a las publicaciones y se interesó por otras disciplinas como la entomología y el estudio de otras lenguas.

Vera Yevstafievna Popova, la química que
murió obsesionada con una molécula.

En 1895 contrajo matrimonio con un militar de alto rango y se trasladaron a Izhevsk, donde su marido le construyó un laboratorio en el que pudiese seguir investigando; no por mucho tiempo, pues la obsesión por la molécula H-C≡P la perseguía desde su época de doctorado. Esta molécula se inflama con extremada facilidad, incluso a bajas temperaturas. El 8 de mayo de 1897 mezcló una ampolla de fósforo blanco con cianuro de hidrógeno y la explosión acabó con su vida. Si ha hecho las cuentas verá que solo tenía 28 años.

Una simple lámpara de alcohol también puede producir la muerte por quemaduras. Es el caso del naturalista inglés William Benjamin Carpenter. Es posible que el lector se siente tentado a pensar en un científico achicharrado por experimentos de laboratorio. Muy lejos de la realidad, puesto que las quemaduras fueron ocasionadas mientras dormía en su cama a la madura edad de 72 años. Todo lo contrario de lo que le pasó al botánico inglés Charles Frederick Newcombe (1851-1924), quien murió de una neumonía por el frío que pasó en una expedición. El mismo aire puede servir para matarnos de calor o de frío. En el caso de Newcombe fue con una edad bastante lógica, a los 73 años.

* * *

Tras este pequeño repaso de algunos fallecimientos debido a los elementos, volvemos al punto de inicio, al flúor. El estadounidense Thomas Midgley Jr. fue un ingeniero mecánico que se acabó dedicando a la química. Propuso la adición de plomo en los motores de gasolina para optimizar la combustión, una decisión con consecuencias devastadoras para la atmósfera y los trabajadores. Él mismo se intoxicó por el plomo, aunque pudo recuperarse en uno de sus periodos vacacionales. Mantuvo en secreto su afección y en una rueda de prensa salió manipulando productos con sus propias manos. Tras esto inventó los clorofluorocarbonos (CFC) como alternativa no tóxica al líquido de los frigoríficos. Después de su muerte se supo los grandes problemas de efecto invernadero que ocasionaban, por lo que se dejaron de fabricar en todo el mundo. Con 51 años contrajo polio, enfermedad que lo fue postrando poco a poco. Como ingeniero mecánico que era, diseñó un sistema de poleas y cuerdas para poder levantarse con facilidad de la cama. Pero acabó haciéndose un lío con las cuerdas y murió estrangulado en su propia cama y con su propio artefacto a los 55 años. Si confeccionásemos una lista de héroes de la ciencia, Midgley no estaría en ella, a pesar de que falleció pensando lo contrario por la invención de los CFC. Sin embargo, no podíamos dejar de contar la historia por lo irónica que es la vida con su extraña justicia poética.

PARA SABER MÁS

- Szybalski, Waclaw (2003), «The genius of Rudof Stefan Weigl (1883-1957), a Lvovian microbe hunter and breeder – In Memoriam, International Weigl Conference. (Microorganism in Pathogenesis and their Drug Resistance – Programme and Abstracts)». *Lvov: Spolom Publishers*, 10-31.

- Weiss, Emilio; Strauss, Bernard S., «*The Life and Career of Howard Taylor Ricketts*», *Reviews of Infectious Diseases*, The University of Chicago, 13: 1241–2, 1990.

- Fatal Laboratory-Acquired Infection with an Attenuated Yersinia pestis Strain, Chicago, Illinois, MMWR, 60 (07): 201-205, 2009.

- Dragoni, S. A. (2012), *Héroes y villanos de la medicina, las dos caras de la moneda*, Editorial Dunken.

- Reyna, O. P., «Daniel Carrión: mito y realidad», *Revista Médica Herediana*. 14 (14), 2003.

- Robert, B., «El plasma de Paciencia Melgar no salvó a Teresa Romero, la auxiliar contagiada de ébola», *Heraldo*, 8 de noviembre de 2016.

- Asimov, I. (1972), *El electrón es zurdo*, Alianza Editorial.

- Hubbard, Marian E. (1915). *In memoriam*, Edith Jane Claypole.

- Asimov, I. (1966), *Los gases nobles*, Plaza & Janes.

- Fors, H., «*Stepping trough Science's Door: C. W. Scheele, from Pharmacist's Apprentice to Man of Science*». Ambix 55: 29-49, 2008.

- Fernández, E. (2013), *Ampère*, RBA.

- Editorial, «*In memoriam – Henry Hemphill*», Transactions of the San Diego Society of Natural History, 2 (1): 58-60, 1914.

- Rulev, A. Y.; Voronkov, M.G, «*Women in chemistry: a life devoted to science*», New Journal of Chemistry, 37 (12): 3826, 2013.

- Editorial, «*Obituary*», Nature, 56 (1441): 132, 16 de julio de 1897.

- Editorial, «*Scientific Notes and News*», Science, 6 (133): 96. 1897.

CAPÍTULO 2

El médico que murió de una paliza y otras historias de científicos asesinados

«¿Qué pasa con mi bombilla?», preguntó Edison cuando tuvo noticias de la nueva lámpara de gas enrarecido de Daniel McFarlan Moore (1869-1936). Se cuenta que este contestó: «Es demasiado pequeña, demasiado caliente y demasiado roja». Moore se había establecido en solitario y había creado su propia compañía eléctrica. La primera lámpara de gas de Moore (antecesora de los actuales tubos de neón) usaba nitrógeno (luz amarilla) y dióxido de carbono (luz rosada-blanca). Se instaló por primera vez en una ferretería de Nueva Jersey y, aunque parezca contradictorio, sirvió para que las lámparas de incandescencia mejoraran sus diseños. Es una ley básica del mercado, la competencia mejora el sector. Este gran desconocido del mundo de las bombillitas tuvo unas cien patentes y fueron estas las que lo llevaron a la muerte. El 15 de junio de 1936 fue hallado el cuerpo de Moore con dos disparos del calibre 22. En los periódicos hablaban de una «extraña coincidencia» con el suicidio de Jean Philip Gebhardt. Moore tenía 67 años y Gebhardt 35. El asesino era un inventor desempleado y parece ser que el móvil del crimen fue que no supo aceptar que uno de sus inventos ya estaba patentado por Moore. Un poco de rabia sí que da, pero no hasta el punto de llegar a ese desenlace.

No es habitual que la gente vaya matando científicos en la puerta de su casa, aunque bien podría servir la historia para una novela negra. En este capítulo vamos a hablar de asesinatos, pero de otro tipo. Hablaremos de un científico que podría haber muerto por una paliza y de tres mujeres que fallecieron por el parto y que tienen cierta relación con él. Nos iremos al contexto de las guerras, ¿en qué otro lugar y momento se asesina más que en un conflicto armado? Prisiones, campos de concentración, tortura, hambre, etc.

EL MÉDICO QUE PRESUNTAMENTE MURIÓ DE UNA PALIZA

El rico americano Jervis Pendleton II se enamoró perdidamente de una chica de 18 años cuando visitó el orfanato en el que estaba ingresada. Jervis decidió de inmediato sufragar los gastos universitarios de Julie Andre, la huérfana a la que superaba en unos seis lustros, manteniéndose en el más oscuro de los anonimatos. Pasaron los años y el Sr. Pendleton II volvió a la residencia, mantuvo oculto su mecenazgo y se enamoraron sin importar la edad. Demasiado bonito para ser verdad, o una realidad de aquellos cuentos de princesa de antaño. El polifacético Fred Astaire dio vida al personaje de Jervis Pendleton II en el musical *Papá piernas largas*, una película de 1955 dirigida por Jean Negulesco. La joven afortunada estuvo encarnada por Lesli Caron, la recién catapultada protagonista de la mítica *Lilí*. Astaire tenía 56 años cuando se rodaba la película, mientras que

Caron contaba con 24 primaveras. El amor no tiene edad. Si tiene la oportunidad de ver la película se dará cuenta de que en alguna escena Astaire aparece con los ojos algo hinchados. Y es que durante el rodaje falleció su esposa, Phyllis Livingston Baker Astaire, de cáncer de pulmón a los 46 años. Como decíamos, el amor no tiene edad. La muerte tampoco. La historia del maduro y la huérfana es una versión adaptada del libro *Papaíto piernas largas*, traducción original de *Daddy long-legs*, una obra literaria de la escritora norteamericana Jean Webster. El título hace referencia a la proyección de la sombra que la huérfana ve del hombre misterioso que la protegerá: unas piernas alargadas que le recordaban a unas arañas conocidas como «*daddy long-legs*», de la familia de los fólcidos, con más de 1.300 especies. También se les llama así a los opiliones, que son arácnidos, pero no arañas. Así que vaya usted a saber a qué bichito se refería la autora. Lo que sí sabemos con certeza de Webster es que el fin de su vida tuvo algo en común con tres extraordinarias mujeres del pasado. Tres mujeres de otra época, dedicadas a la ciencia en un atípico momento: Maria Clara Eimmart (1676-1707), Émilie du Châtelet (1706-1749) y Jane Colden (1724-1766). Las cuatro fallecieron por fiebre puerperal, algo muy habitual en el siglo XVIII, pero que fue una mala suerte para Jean Webster, cuyo deceso se produjo cuando ya se entendía aquella aparentemente azarosa tragedia, en 1916. Es posible que no vea aquí ninguna muerte violenta, ningún asesinato. Tiene razón, pero todo llegará.

LA FOTÓGRAFA DE LA LUNA DEL SIGLO XVII Y OTRAS MUJERES ADELANTADAS A SU TIEMPO

Maria Clara Eimmart nació en Núremberg el 27 de mayo de 1676. Era hija de un conocido astrónomo en aquel tiempo, Georg Christoph Einmmart. El abuelo de Maria Clara había inculcado en su padre el amor por la astronomía y los grabados, filia que la propia chica cultivó desde muy joven. Pronto se convirtió en ayudante de su padre; incluso en la actualidad es conocida por sus ilustraciones astronómicas de una exactitud desmesurada, rozando el realismo fotográfico. Sus más de 300 dibujos de las fases de la Luna en un papel azul característico son de una belleza deslumbrante. Si el lector no los conoce, le invito a teclear el nombre de la astrónoma en internet. Quedará encantado con el resultado de las imágenes relacionadas con la *googleada* dibujante. Se casó en 1706 con uno de los alumnos de su padre, Johann Heinrich Muller. Es lo que pasa por llevar jovencitos a casa con una chica en edad de merecer. Pronto se convirtió en asistente de su marido. Parecía todo un cuento de hadas. En poco tiempo quedó embarazada. Pero la felicidad fue breve. En octubre de 1707 Maria Clara daba a luz a un hijo que no sobreviviría. Poco después ella misma moriría, el 29 de octubre de 1707, con solo 31 años. En la bibliografía no queda clara la causa del fallecimiento, aunque es muy probable que fuera la fiebre puerperal. ¡Cuántas buenas descripciones gráficas del cielo ha perdido la humanidad por la temprana desaparición de esta joven promesa!

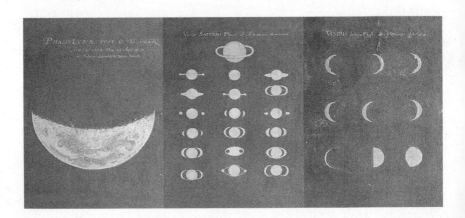

Dibujos de la Luna, Saturno y Venus,
autoría de Maria Clara Eimmart.

Émilie du Châtelet es la más conocida de las tres aludidas. Se ha escrito mucho sobre esta gran fémina, que parece salida del futuro. Nació en París el 17 de diciembre de 1706 y fue una mujer atípica, una dama que desafió el mundo masculino y que dejó claro que el conocimiento no conoce géneros. Creció en un ambiente que permitió desarrollar su intelecto. El padre era un barón bien situado que solía reunirse en casa con filósofos, matemáticos y físicos. Cumplidos tan solo diecinueve años, contrajo matrimonio con el marqués du Chastellet-Lomont. Durante toda su vida se codeó con grandes pensadores, incluso llegó a dar asilo político nada más y nada menos que al filósofo Voltaire, en el castillo de Cirey, propiedad de su esposo. No parece que el marido pusiera mucho impedimento en los amoríos de Émilie, sobre todo en el conocido caso del filósofo. Ella no tenía problemas en hacer gala de su sabiduría y por ello fue ridiculizada a menudo por gran parte de la erudición francesa. Sobre este particular, el dramaturgo francés Destouches llegó a escribir: «Una mujer sabia debe ocultar su conocimiento, o es una imprudente».

Uno de los biógrafos de Émilie llegó a comparar la burla que sufría una mujer sabia en Francia con la burla que sufría Don Quijote por sus andanzas. En este ambiente, Émilie du Châtelet luchó por hacerse un hueco en un coto de hombres, privado de mujeres. Y consiguió dejar su huella, no solo en la historia, sino en la letra impresa. La obra que la situó en primera línea del reconocimiento científico fue *Institutions de Phisique*, (1740). A ella también corresponde la primera traducción al francés de los *Principia* de Newton, directamente del latín. Tras haber traído tres hijos al mundo, decidió no ampliar su estirpe, pero a los 42 años quedó de nuevo embarazada. Como si tuviese un presentimiento, se dedicó en cuerpo y alma a la traducción, ocupando los últimos meses de la gestación en un trabajo frenético y a contrarreloj. El parto tuvo lugar el 3 de septiembre de 1749, sin complicaciones aparentes. Pero el 9 de septiembre comenzó a sentirse mal, así que ese mismo día cogió su traducción, que acababa de terminar, y la cerró con fecha de 10 de septiembre, fecha en que murió por fiebre puerperal.

Detalle del cuadro anónimo Madame Du Châtelet en su escritorio.

Jane Colden ha sido descrita por la botánica estadounidense Anna Murray Vail como «la primera mujer botánica de su estado», parafraseando a James Britten, un famoso editor de la revista *Journal of Botany*. Colden nació el 27 de marzo de 1724 y pronto mostró a su padre Cadwallader Colden un interés inusual por las plantas. Aprendió latín de su progenitor, además de un sistema de clasificación basado en Linneo con el que pudo catalogar la flora de Nueva York. Su escrito *Botanic Manuscript* contiene dibujos y anotaciones de unas 300 plantas de la ciudad, observadas entre los años 1753 y 1758. Poco se sabe de la vida de Jane Colden, tan solo que se casó con el médico William Farquhar en 1759 y que esto significó el cese de su prometedora tarea investigadora. Según algunas fuentes murió en 1766. No sabemos si habría continuado su labor tras más años de matrimonio. La fecha y motivo de la muerte no están claras, aunque parte de la bibliografía apunta hacia complicaciones en el parto, no sabemos si en el mismo día, por una hemorragia o por fiebre puerperal.

UN SIMPLE LAVADO DE MANOS

En el manual *Fundamentos de obstetricia* de la Sociedad Española de Ginecología puede leerse:

> «La infección puerperal se define como la afectación inflamatoria séptica, localizada o generalizada, que se produce en el puerperio como consecuencia de las modificaciones y heridas que en el aparato genital ocasionan el embarazo y el parto. Se considera que padece una infección toda puérpera que presenta una temperatura superior o igual a 38 °C en al menos dos determinaciones separadas por un intervalo de 6 horas, excluyendo las primeras 24 horas posparto».

El puerperio es el periodo posterior al parto. Es conocido comúnmente como cuarentena, pues suele ocupar unos cuarenta días. La fiebre, infección o sepsis puerperal no es más que la invasión directa de microorganismos patógenos que aprovechan los cambios locales en los órganos genitales femeninos en el momento del parto o después de este. En el siglo XVIII se convirtió en una verdadera epidemia que acabó en algunos lugares con más del cincuenta por ciento de las mujeres parturientas. Los síntomas están bien marcados y coinciden con los de una septicemia general, es decir, una infección bacteriana en sangre: fiebre, delirios, mareos, taquicardia, etc. Por aquel entonces varias eran las hipótesis que apuntaban a la causa, pero la verdadera razón permanecía oculta, puesto que los microorganismos patógenos no fueron descubiertos hasta la segunda mitad del siglo XIX. Sin embargo, un médico húngaro cambiaría la situación. Sin usar un solo microscopio para observar los agentes infecciosos (hay que tener en cuenta que la fiebre puerperal se puede deber a un gran número diferente de patógenos: *Escherichia coli, Klebsiella, proteus,* etc.), Ignaz Philipp Semmelweis (1818-1865) entregó su vida, su reputación y su salud mental a la causa. Hoy lo conocemos como uno de los grandes héroes de la ciencia.

Semmelweis nació el 1 de julio de 1818 en la actual Budapest, en un barrio llamado Taban, que por entonces estaba fuera de la ciudad y que hoy está integrado en la mencionada capital de Hungría. Fue el cuarto de diez hermanos de un tendero de comestibles. En 1810, Josef Semmelweis —el padre— ya se había enriquecido al abrir un almacén de venta al por mayor. En aquel lugar, que fue domicilio familiar de Semmelweis y de Teresia Muller, hoy podemos visitar el Museo Semmelweis de Historia de la Medicina. La vida y obra del cuarto de los hijos del matrimonio no es para menos, merece un museo. Con diecinueve años decidió ir a Viena a estudiar Derecho. Pero las leyes no tuvieron la suficiente fuerza para retenerlo durante mucho tiempo; es más, tampoco la ciudad de Viena le atrajo en lo más mínimo. Aun así, no quiso perder el tiempo en la actual capital de Austria. Tuvo noticias de un curso en un hospital y allí que fue. En aquel lugar pudo presenciar una autopsia. Josef Skoda fue un importante médico en el obsoleto nihilismo terapéutico, sin embargo una gran figura del momento en dermatología y en diagnóstico clínico. Semmelweis estuvo presente en una de las actuaciones magistrales de Skoda (nada tiene que ver con los coches). Skoda gozaba de gran renombre por sus trabajos en el Hospital General de Viena y sus explicaciones en el ejercicio de la medicina, muy apreciadas entre compañeros y estudiantes. Semmelweis quedó prendado por la profesión médica de forma irreversible. También en esta etapa bebió de la sabiduría del médico y patólogo Carl Freiherr von Rokitansky, de quien aprendería a incorporar el método científico en su práctica médica. En 1939 volvió a Budapest a seguir sus estudios en una recién abierta Escuela de Medicina. Semmelweis tenía un carácter impulsivo y pasional en todo lo que hacía, así que no tuvo inconveniente en expresar lo poco que le gustaba la enseñanza de la Medicina en Budapest. Por ello se volvió a Viena, dejando una ola de malestar tras de sí. En 1844 ya era doctor en Medicina y comenzó a trabajar en el campo de la infección en cirugía como asistente de Rokitansky, en un momento en el que nueve de cada diez operaciones acababan en muerte. Aquí comienza la mente inquieta de Semmelweis a dar vueltas:

«Todo lo que aquí se hace me parece muy inútil. Los falleci-mientos se suceden de la forma más simple. Se continúa ope-rando, sin embargo, sin tratar de saber verdaderamente por qué tal enfermo sucumbe antes que otros en casos idénticos».

Para poder conseguir una plaza como doctor se tuvo que especializar en obstetricia, y así comenzó la etapa de su vida que lo lanzó a la inmortalidad en los libros de texto, pero que también sería un suplicio hasta el final de sus días. En el Hospital General de Viena había dos pabellones de Maternidad. En uno de ellos los estudiantes masculinos podían asistir y aprender el oficio, mientras que en la otra sala solo les estaba permitida la entrada a las aprendices de matrona. Semmelweis consiguió su plaza de profesor ayu-dante del Dr. Klein, en el pabellón de los estudiantes, donde el índice de mortalidad por fiebre puerperal era muy supe-rior al segundo pabellón, dirigido por el Dr. Bartch. Para este desequilibrio en el desenlace de los partos se daban razones que no convencían a Semmelweis: las manos de las comadronas son más finas y suaves, teoría de las miasmas, etc. Su espíritu inquieto y científico le hizo no admitir estas razones que estaban destinadas a tapar la realidad que el propio Klein no estaba dispuesto a tolerar. En una carta a un amigo, podemos ver un Semmelweis muy afectado, desesperado y profundamente humano que no sabe qué hacer:

«No puedo dormir ya. El desesperante sonido de la campanilla que precede al sacerdote portador del viático ha penetrado para siempre en la paz de mi alma. Todos los horrores de los que diariamente soy impotente testigo me hacen la vida imposible. No puedo permanecer en la situación actual, donde todo es oscuro, donde lo único categórico es el número de muertos».

Se propuso firmemente intentar equilibrar la balanza, convencido de una realidad: «La causa que yo busco está en nuestra clínica y en ninguna otra parte». En aquella época las mujeres que iban a parir al hospital lo hacían por motivos económicos, pues no les alcanzaba para ser asistidas en casa. Ellas podían dar a luz allí a cambio de poder ser analizadas por los estudiantes, obstetras y matronas.

Fuera del hospital se sabía perfectamente que los partos en el hogar no estaban siendo tan azotados por la fiebre puerperal; es más, en toda la ciudad se tenía cierto temor al dar a luz en el hospital, pues no era una sorpresa que la lotería de la muerte podría jugar en contra. A pesar de ello, se aceptaba como algo normal, siempre había sido así. Incluso las mujeres que parían por sorpresa y luego eran llevadas al pabellón de Klein casi siempre se salvaban, incluso en las épocas de epidemia; es más, las mujeres iban llevadas a cada sala en días alternos. Se cuenta que algunas parían a posta en la calle un día para poder entrar al día siguiente en la sala de las matronas.

A Semmelweis se le mete una idea en la cabeza que ya nunca abandonará: pone unos lavabos en la puerta de la sala de partos y obliga a los estudiantes a lavarse las manos antes de examinar a las embarazadas. En otras partes del mundo esta medida también se barajó. Por ejemplo, Oliver Wendell Holmes lo intentó en Estados Unidos y, como nadie la hacía caso, acabó convirtiéndose en uno de los poetas del club de los metafísicos. Pero el médico húngaro fue más prosaico, estaba hecho de otra materia. En su convicción, tuvo el valor de intentar que su propio jefe acatara las normas de higiene. Y obviamente el Dr. Klein se negó a lavarse las manos, pues se consideraba como una ofensa poner la razón de la fiebre puerperal en manos del obstetra.

Semmelweis entonces hizo gala de su carácter y un ataque de cólera le supuso la pérdida de su puesto de ayudante por falta de respeto. Klein no iba a dejar pasar aquella oportunidad de quitar de en medio a un ayudante que se había vuelto tan molesto. Semmelweis quedó completamente abatido. Le recomendaron un viaje a Venecia, del que vendría cargado de fuerzas. Entretanto, su profesor y mentor Skoda consiguió que lo readmitiesen en la sala de partos de Bracht, con las matronas. Una vez en Viena se enteró de la trágica muerte de un amigo y compañero, el profesor y forense Jakob Kolletschka. Este hecho sería el detonante para dar peso racional a su corazonada del lavado de manos. Kolletschka fue alcanzado en un dedo por el bisturí de un alumno, mientras realizaban una autopsia. Parece que murió pocos días después entre fiebres y terribles escalofríos. Semmelweis, con una intuición científica sin igual, pidió el acta de autopsia y allí se encontró algo sorprendente: su amigo había comenzado con linfangitis y flebitis en el brazo del corte. La infección prosperó en poco tiempo y acabó muriendo por un cuadro que le era muy familiar: pleuresía bilateral, pericarditis, peritonitis y meningitis. Una infección generalizada absolutamente similar a las que había observado repetidamente entre sus parturientas. Era la prueba que estaba buscando y ahora no tenía duda.

En su único artículo, *Etiology, Concept and Prophylaxis of Childbed Fever*, relata él mismo toda la historia y hace responsable de la infección a unas «partículas cadavéricas» que por entonces no podían verse en el microscopio. Estas partículas se introdujeron por el bisturí en el interior del cuerpo de su colega, de la misma forma que entraban por las manos de los estudiantes y obstetras en los cuerpos de las mujeres, mediante el contacto con el canal del parto. Tuvo que morir Kolletschka con solo 43 años para que Semmelweis cayera en la cuenta de la causa de la enfermedad. Lo que no sabemos es cuál fue el destino académico del alumno que practicó la incisión en el dedo al desafortunado forense. A partir del relato del amigo fallecido por sepsis, Semmelweis entra en una espiral de culpa de la que nunca podrá salir: «Solo Dios sabe el número de mujeres que por mi causa han bajado a la tumba prematuramente».

Volvió a colocar todo lo necesario para que los estudiantes y los médicos se lavasen las manos cuando viniesen de la sala de autopsias, antes de explorar a las mujeres. Incluso colgó un cartel en el que decía que la medida era obligatoria. Aunque con ciertas fluctuaciones, demostró que se dio una clara tendencia a la baja en el número de decesos por fiebre puerperal. Pero no fue suficiente, sobre todo cuando en un momento dado hubo una subida espectacular en el número de muertes. Pero Semmelweis observó que una mujer con un cáncer de útero fue el foco de aquel brote, pues los sanitarios se lavaban las manos al entrar en la sala de partos, pero no al estar ya dentro y entre mujer y mujer. Semmelweis cayó en la cuenta de que aquellas partículas cadavéricas no estaban solo en las manos de los médicos tras una autopsia, también se podían pasar de un infectado a otro.

Sus medidas de higiene y limpieza se hicieron mucho más severas, incluyendo las ropas e instrumental médico utilizados, algo que no fue bien aceptado por la comunidad sanitaria. Advirtió que aun con el lavado de manos el olor cadavérico continuaba en los dedos de sus estudiantes. Propuso por tanto la «destrucción química de las partículas cadavéricas». De manera muy inteligente cambió el lavado de manos de jabón por hipoclorito de calcio, un compuesto que se usa en la actualidad para que las piscinas no sean gigantescos caldos de cultivo de bacterias. Klein finalmente consiguió que lo expulsasen de nuevo del Hospital de Viena. A partir de ahí empezó a vagar de un lugar a otro como alma que lleva el diablo, siempre con una posdata de odio contra él por donde iba pasando.

Estuvo una etapa en Budapest y otra en Zúrich, donde llegó a casarse con Maria Weidenhoffer. Ninguno de los cambios de aire le sirvió para quitarse su obsesión por la fiebre puerperal y el sentimiento de culpa que no conseguía sacar de su mente. Llegó a escribir una carta abierta a todos los profesores de Obstetricia, de una dureza desgarradora, que no hizo más que agravar la situación:

> «Asesinos llamo yo a todos los que se oponen a las normas que he prescrito para evitar la fiebre puerperal. No es necesario cerrar las salas de maternidad para que cesen los desastres que deploramos, sino que conviene echar a los tocólogos, ya que son ellos los que se comportan como auténticas epidemias».

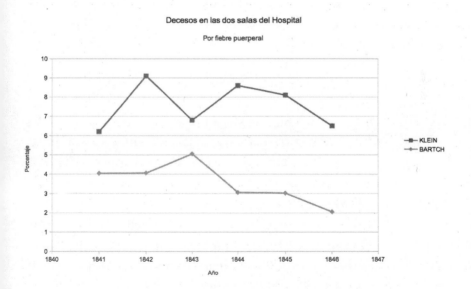

Su locura fue en aumento. Llegó incluso a fijar carteles por los muros de Viena advirtiendo de lo peligroso que era llevar a las mujeres a los hospitales para que tuviesen a sus bebés. Acabó en un manicomio. El sentimiento épico por parte de los biógrafos hace que las circunstancias de su muerte se vuelvan algo difusas. La autopsia declaró que murió con los mismos síntomas de la fiebre puerperal, con una infección generalizada por todo su cuerpo. Cómo llegó hasta este punto es lo que no está claro. Algunos dicen que las palizas propinadas por los encargados del manicomio le indujeron la infección. Otros cuentan que en un acto de locura fue a una autopsia y bisturí en mano se autolesionó para infectarse y demostrar así la etiología de la fiebre puerperal que él mismo había descubierto. Asesinato o suicidio, tal vez nunca lo sepamos a ciencia cierta. En cualquier caso, siendo metafóricos, Semmelweis fue el médico salvador de las madres que murió de una paliza mediática, propinada por la comunidad médica de su generación, que despreció constantemente su originalidad. Un genio de la aplicación del método científico a la medicina con un carácter polémico e impulsivo que no supo gestionar su descubrimiento por los cauces formales. Murió con los mismos sufrimientos de sus parturientas, el 13 de agosto de 1865, con 47 años, dos semanas después de ser ingresado a la fuerza.

* * *

Hasta que no se demostró que los gérmenes son la causa de las infecciones, no se tomaron en serio las ideas de Semmelweis. Y esto ocurriría más de cuarenta años después de su muerte. Los primeros indicios vinieron de los microscopios de Louis Pasteur y de Robert Koch, en el último cuarto del siglo XIX. Es una contradicción que hasta bien entrado el siglo XX no se tomaran en serio las medidas de higiene que hoy son obligadas en todas las secciones de obstetricia del mundo y que han convertido la fiebre puerperal en una causa muy rara de muerte. Por eso el fallecimiento de Jean Webster en 1916, autora de la novela *Papaíto Piernas Largas*, nos parece tan poco habitual. Como decíamos más arriba, tres mujeres que pusieron un ladrillo en el edificio de la ciencia murieron por fiebre puerperal.

Estatua dedicada a Ignaz Philipp Semmelweis, esculpida por Alojs Strobl en 1906. Obsérvese la mujer al pie amamantando a su hijo.

Para cerrar la sección volvamos al principio de la misma, con aquella película, *Papa Piernas Largas*. La cinta de Negulesco de 1955 no es la única adaptación; son muchas las películas, teatros e incluso series animadas que se han realizado sobre este libro de menos de cien páginas. Pero la más entrañable y conocida es esta en la que Fred Astaire bailaba el tema *Sluefoot*. El propio Astaire soñaba con que el baile iba a ser famoso tras el estreno, algo que nunca ocurrió. Lo de la fama queremos decir. La película sí se estrenó, para desgracia de aquellos que no soportan las historias de amor con final feliz. Astaire encarnó el papel de protector de una huérfana, al igual que Semmelweis encarnó el papel de mártir para convertirse en el salvador de las madres, con un sueño bien distinto y —aparentemente— más sencillo: que los médicos y estudiantes se lavaran las manos. No lo vio en persona, pero lo consiguió. Semmelweis es el «Papá Piernas Largas» de todas las mujeres que dan a luz en la actualidad.

SIN NOVEDAD EN EL FRENTE

La medición del número π y el comienzo de la hidrostática, la invención del micrómetro y el registro del tránsito de Venus, la fermentación sin levadura, el orden de los elementos de la tabla periódica, el verdadero origen de la famosa ecuación de Einstein y el historiador de los pájaros del Colorado son los temas que trataremos en este epígrafe. Todos guardan algo en común: los protagonistas fallecieron en el contexto de una guerra.

La novela *Sin novedad en el frente*, publicada en Alemania en 1929, es una declaración abierta contra la guerra. El propio autor, Erich Maria Remarque, participó en la Primera Guerra Mundial; por tanto, no es de extrañar que el libro describa con cierta precisión los horrores ocurridos en un conflicto bélico. Erich estuvo casado con Paulette Goddard desde 1958 hasta su muerte. Por cierto, uno de los matrimonios anteriores de la conocida actriz fue Charlie Chaplin. Paulette actuó en dos de sus películas, *Tiempos modernos* (1936) y *El gran dictador* (1940); la segunda de ellas es una evidente crítica al nazismo. Y es que en Estados Unidos no había problemas por expresar públicamente la aversión a aquella doctrina política, si es que lo podemos llamar así. Pues bien, el propio Erich también fue un ferviente detractor del régimen nazi; tanto es así que en 1933 los nazis quemaron en público sus libros. Las guerras han dejado millones de muertos a lo largo de la historia, pero también han significado un detrimento para la ciencia y la cultura, a la par que las ha levantado. Son las paradojas del horror.

NO ME TOQUES LOS CÍRCULOS

Uno de los decesos más famosos de la historia a causa de confrontaciones bélicas fue el de Arquímedes (287 a. C.-212 a. C.). Al sabio de Siracusa le tocó vivir en la época de las guerras púnicas (264 a. C-146 a. C.) entre Roma y Cartago. La ciudad había permanecido al margen del conflicto, cuentan los historiadores de la época que gracias a las máquinas que construyó Arquímedes: la garra, los espejos ustorios, etc. Nada dejó escrito Arquímedes sobre estas construcciones, pues no era lo más adecuado para un matemático la bajeza del trabajo manual. Sí nos han llegado más de veinte libros que forman parte de los pilares de las matemáticas y la física actual. Le debemos la aproximación de 3,14 para el número π, el cálculo del volumen de la esfera, el principio de la hidrostática que lleva su nombre y el primer estudio cuantitativo de la palanca, por citar solo algunos de sus logros. Llegó a una longevidad poco usual para su tiempo. Siempre nos quedará la duda de si habría alcanzado aún mayor gloria si no hubiese sido por el trágico final. El cónsul romano Marcelo fue quien consiguió hacerse con Siracusa después de un asedio que le costó mucho tiempo, esfuerzo y material humano. Los ingenios de Arquímedes le hacían imposible la toma de la ciudad. El historiador Publio Valerio escribió:

> «Marcelo, lleno de admiración por ese genio extraordinario, dio orden de conservarle la vida, siendo para él de tanta gloria la conservación de Arquímedes como la toma de Siracusa».

Los romanos aprovecharon un momento de debilidad de los siracusanos, pues entraron en la ciudad cuando se celebraba una fiesta en honor a Artemisa. Cuando se dieron cuenta del problema, decenas de soldados romanos ya corrían por las calles de Siracusa, dando fin a la celebración y la alegría. Un soldado entró inusitadamente en las estancias de Arquímedes y allí se encontró a quien posiblemente consideraría un viejo loco haciendo garabatos sin sentido en su terrario. El matemático estaba abstraído en pleno trabajo intelectual, dibujando en el suelo figuras geométricas que el soldado no entendía. El soldado le ordenó que le siguiera y Arquímedes lo apartó. «¡No toques mis círculos!», dicen que dijo. «No me los toques tú a mí», pensaría el soldado, que con su espada atravesó el cuerpo del mayor genio que ha dado la historia. Una muerte heroica en defensa de la ciencia, a los 75 años.

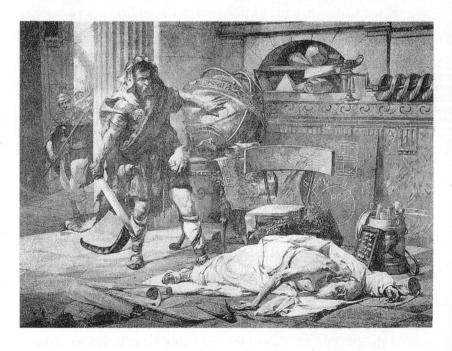

La muerte de Arquímedes, por Edouard Vimont.

La autoría de los inventos obviamente está mejor constatada en el siglo XVII. Este es el caso de la invención del tornillo micrométrico o micrómetro, ideado por William Gascoigne (1612-1644). Un micrómetro es un instrumento de medida de precisión, utilizado para poder determinar distancias muy pequeñas que son de imposible medición con un simple metro. Transforma la pequeña rotación de un tornillo en una rotación mayor de una escala graduada. Este aparato fue adaptado por Gascoigne a un telescopio en torno al año 1640 y permitió realizar medidas extraordinarias de ángulos en el firmamento, nunca hechas hasta el momento. En paralelo y de manera simultánea, Jeremiah Horrocks (1618-1641) había demostrado que la Luna describe una órbita elíptica alrededor de la Tierra, y había observado y recogido por primera vez el tránsito de Venus delante del Sol, en diciembre de 1639. Un gran observador que podría haberle dado un buen uso al micrómetro. Horrocks fue amigo del astrónomo William Crabtree (1610-1644) y este a su vez tuvo a Gascoigne entre sus contactos epistolares. No hay nada publicado al respecto por parte de Gascoigne, solo la correspondencia con Crabtree. Fue así como Crabtree tuvo noticias de Gascoigne y de la invención del micrómetro, y así se lo hizo saber a Horrocks, pero no tuvo tiempo de ponerlo a prueba, a pesar de su entusiasmo, pues moriría por causas desconocidas en 1641, con tan solo 22 años. Tierna edad para demostrar que la órbita de la Luna es elíptica. Poco tiempo después se comprobaría que sus medidas eran correctas, precisamente con un micrómetro de Gascoigne mejorado. Richard Towneley, un amigo astrónomo de Gascoigne, llegó a mostrar el micrómetro nada menos que a Robert Hooke y este construyó uno con sus privilegiadas manos. Fue descrito y publicado en 1667. Gascoigne y el padre de su amigo Towneley, Charles, corrieron la misma suerte. Entre los años 1642 y 1646 tuvo lugar la primera guerra civil inglesa. La batalla de Marston Moor (2 de julio de 1644) fue una derrota para el bando de los realistas y tuvo como resultado la pérdida del norte de Inglaterra para Carlos I. Entre parlamentarios y realistas hubo un balance de unas 6000 bajas. Entre ellas contamos a William Gascoigne y Charles Towneley, que cayeron sirviendo en lado de Carlos I. Hay un parón en la correspondencia entre Gascoigne y Crabtree en torno a 1642, lo que apunta a que cada uno estaba en un lado de la contienda. Aunque no hay constancia de que Crabtree sirviera en las filas armadas de los parlamentarios, murió por causas desconocidas también en 1644, a la edad de 34 años. Un curioso triángulo de jóvenes astrónomos ingleses que mueren casi simultáneamente y que interrumpen un futuro prometedor: Horrocks (22 años), Gascoigne (32 años) y Crabtree (34 años). No son héroes de guerra, son héroes de la ciencia.

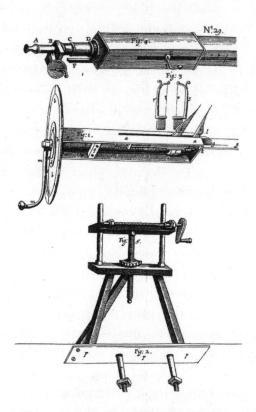

Micrómetro de Gascoigne, descrito por Robert Hooke
y publicado en Philosophical Transactions.

EL CONTADOR DE ÁTOMOS Y OTROS CIENTÍFICOS CAÍDOS EN LA GRAN GUERRA

La Primera Guerra Mundial fue un conflicto armado global que se centró en Europa, entre los años 1914 y 1918. Entre 10 y 30 millones de personas perdieron la vida, sumando militares y civiles. Solo la Segunda Guerra Mundial fue más mortífera que la Primera. Las razones de este primer desastre mundial, el número de países involucrados y las consecuencias son motivo de un profundo estudio en el que no podemos detenernos. Aquí vamos a viajar a tres países: Rumanía, Turquía e Italia.

El químico alemán Eduard Buchner (1860-1917) nació en Munich, cuando la ciudad era capital del Reino de Baviera, que se disolvería un año después de su muerte. Así que le tocó vivir una vida de inestabilidad política, aspecto que no le impidió desarrollar una tarea investigadora muy fructífera, aunque los frutos no serían frutos en el sentido estricto de la palabra, sino más bien alcohol. La elaboración de cerveza y del vino han acompañado al surgimiento de todas las grandes culturas. El famoso químico francés Joseph-Louis Gay-Lussac fue quien descubrió en el primer cuarto del siglo XIX la reacción de fermentación del alcohol. Desde hacía poco tiempo se sabía que las levaduras presentes en frutas, cereales y verduras jugaban un papel principal en la fermentación alcohólica. El rol de Buchner entra en juego cuando descubrió que la parte importante de la levadura para la fermentación es solo una enzima (en realidad un conjunto de ellas), denominada zimasa. Pero fue más allá, en 1897, cuando consiguió la fermentación alcohólica sin tener que usar levadura, solo necesitaba zimasa. Dicen que tuvo suerte, pero el caso es que lo logró y supo aprovechar la oportunidad:

> «Hasta ahora no se había conseguido separar la acción fermentativa de las células vivas de levadura. Se describe a continuación un procedimiento que resuelve el problema».

El nombre de zimasa fue dado varias décadas antes por el francés Antoine Bechamp. En realidad, lo que Bechamp llamó entonces zimasa es a lo que hoy denominamos invertasa en la actualidad. Con tanto nombre de enzima puede que el lector esté un poco perdido, así que vamos a recapitular dando algún apunte aclaratorio. Una enzima es una molécula orgánica que hace posible que se dé una reacción química, sin que forme parte de dicha reacción. Para el caso de la formación del etanol y del dióxido de carbono a partir de glucosa (fermentación alcohólica), es necesario que una sustancia «anime» a que se produzca la reacción y en este caso es la zimasa. La invertasa es otra de esas moléculas «animadoras» que hacen algo parecido a la zimasa, aunque está menos presente en los procesos de los que venimos hablando.

Eduard Buchner en la Primera Guerra Mundial, cerca de Francia.

En 1907 a Eduard Buchner le dieron el Premio Nobel de Química «por sus investigaciones en bioquímica y por su descubrimiento de la fermentación no celular». Algo más importante de lo que parece, porque fue uno de los golpes más duros para el fin de la teoría vitalista, y sin embargo un gran desconocido para el común de los mortales. Sí, es cierto que el alcohol es malo sea en la dosis que sea y aquí no podemos hacer proselitismo de su consumo. Pero no puedo evitar mencionar el chiste fácil de mi suegro cuando hace referencia a eso que se dice, ya saben, que la abstinencia de bebidas alcohólicas alarga la vida; más bien lo que ocurre es que «la vida se hace muy larga sin una copa de vino», suele responder. Y en el caso de Buchner no fue la vida lo larga que habría merecido. Diez años después del Nobel sirvió en un hospital de campaña, de esos improvisados en el que uno se encuentra todo tipo de horrores debajo de una tela. El lugar, Focsani, en Rumanía. Se había trazado una línea fortificada y allí fue alcanzado el 11 de agosto de 1917 por el fuego enemigo. Dos días después moría por las heridas causadas en el ataque, a los 57 años. Un héroe por casualidad o un héroe que supo aprovechar la oportunidad. En ambos casos, un héroe de la ciencia.

En otra parte del frente tenemos al inglés Henry Gwyn Jeffreys Moseley (1887-1915), combatiente del Ejército británico y que ha sido inmortalizado por una ley que lleva su apellido: la ley de Moseley. En 1913 publicó el artículo *Los espectros de alta frecuencia de los elementos*, de fácil lectura para un iniciado en el tema, donde enunciaba su ley del cuadrado de la frecuencia: la raíz cuadrada de la frecuencia de los rayos X producidos cuando un elemento se bombardea con rayos catódicos es proporcional al número atómico del elemento. En definitiva, había un porqué del número atómico de los elementos, no eran una casualidad. Cuando Dmitri Mendeléyev ordenó los elementos según su número atómico no se hizo bajo un criterio medible, los números asignados no eran más que una etiqueta. Sin embargo, la ley empírica de Moseley daba sustento a la decisión del ruso. El descubrimiento de Moseley sirvió también de importante apoyo al modelo de Bohr, formulado ese mismo año, con las profundas implicaciones que tuvo dicho modelo en el tránsito de la mecánica clásica a la mecánica cuántica. Moseley se convierte así en un pilar fundamental en el mundo científico del siglo XX, y con toda seguridad habría llegado más lejos si no hubiese tomado la equivocada decisión de alistarse en el Ejército británico, en la división de los Ingenieros Reales. Tuvo tiempo de publicar ocho artículos en su corta vida. Muchos científicos han afirmado que habría ganado el Premio Nobel por su descubrimiento, pero en la guerra somos todos iguales. El científico y divulgador Isaac Asimov llegó a decir sobre su muerte:

«En vista de lo que podría haber conseguido, su muerte se puede considerar en general como la más costosa para la humanidad debida a la guerra».

Moseley se unió a las filas combatientes en la primera mitad de 1914. El propio Rutherford intentó que se le atribuyeran labores científicas para que estuviese lejos de la línea de fuego. Había que hacer lo posible para mantener a salvo esa mente. En lugar de esto sirvió como oficial técnico de comunicaciones y fue enviado a la península turca de Gallipoli, desde abril de 1915. El fracaso británico de la batalla de Galípoli tuvo como una de sus consecuencias un miedo generalizado en las tropas a desembarcar en playas que duraría hasta el desembarco de Normandía de 1944. El desenlace de la batalla se saldó con 250.000 bajas para el Ejército británico, entre las cuales se encontraba nuestro numerador de átomos. Moseley fue alcanzado en la cabeza por un francotirador turco, mientras telegrafiaba una orden militar, y murió en el acto el 10 de agosto de 1915. Tenía 27 años, edad en la que hoy muchos estudiantes no han terminado todavía su periodo postdoctoral.

Centrados en el contexto de la Primera Guerra Mundial, de Rumanía (Buchner) hemos pasado a Turquía (Moseley) y ahora nos movemos a Italia para cerrar la terna de científicos fallecidos por este conflicto. El tercero es el físico austríaco Friedrich Hasenöhrl (1874-1915), que tuvo maestros de la talla de Joseph Stefan y Ludwig Boltzmann. No es la única garantía de su alcance científico. Llegó a trabajar bajo la batuta del holandés Heike Kamerlingh Onnes, en su mítico laboratorio de temperaturas bajas en Leiden. Tras la trágica muerte de Botlzmann consiguió convertirse en su sucesor en la Universidad de Viena, cuando solo tenía 33 años, en 1907. Dejó marca en muchos alumnos y, entre ellos, al mismísimo Erwin Schrödinger. Estamos hablando de un científico de primer nivel que también es un gran desconocido en los libros de texto de secundaria.

Friedrich Hasenöhrl, 1914.

A pesar de todo es una pena que su mayor contribución a la física se haya emborronado en la historia y no haya constituido el nombre que merecía. Nos estamos refiriendo a la «radiación Hasenöhrl». En un conjunto de tres artículos publicados entre 1904 y 1905, estudió la radiación de un cuerpo en movimiento. Llegó a la conclusión de que existía una relación entre la energía de radiación y la masa inercial. Sin embargo, su resultado matemático no fue correcto. Sí tendría éxito Einstein en dicha empresa. Nos referimos a la ecuación más famosa de la historia, $E = mc^2$. Hasenöhrl encontró algo parecido, $E = (\frac{3}{4})\ mc^2$. En realidad la relación entre masa y energía ya fue propuesta en 1881 por J. J. Thomson, lo que hizo Hasenöhrl fue referirse al caso de la radiación del cuerpo negro. A pesar de que los errores en sus cálculos no lo hicieran prosperar, no ha sido desatendido por la comunidad científica, sí por el acervo popular. El propio Planck supo resaltar su papel en una conferencia dada en 1909 en la Universidad de Columbia sobre el principio de relatividad, haciendo referencia a la temperatura de cuerpo medida por observadores con distintos movimientos relativos:

> «El hecho de que la radiación del cuerpo negro posee inercia ya fue apuntado por F. Hasenöhrl».

Una vez más nos vamos a la Primera Guerra Mundial. Hasenöhrl decidió alistarse en las filas austrohúngaras en 1914. En un ataque contra los italianos en Tyrol fue herido en un hombro y le concedieron una medalla al mérito militar. El percance no lo alejó del frente. El 7 de octubre de 1915 murió a causa de las heridas ocasionadas por la metralla despedida de una granada. Ocurrió en Folgaria (Italia) y tenía tan solo 40 años.

* * *

Si la Primera Guerra Mundial fue significativa por sus horrores y el número de bajas, la Segunda Guerra Mundial gana por goleada. En este caso la mayoría de los científicos europeos supieron mantenerse al margen y las propias naciones se cuidaron de no mandar científicos a combate, dada la importancia de mantenerlos con vida. Se suelen hacer recopilaciones de los grandes avances científicos que se desarrollan en época de guerra. En esta ocasión vamos a poner la mirada en el cielo. Los misiles V1 desarrollados por los nazis se consideran como los primeros misiles guiados de la historia y acabaron con muchas vidas en Londres. El V1 fue a su vez precursor del mítico V2, diseñado por Wernher von Braun. El misil V2 se convertiría en un cohete al realizar el primer vuelo suborbital. Wernher von Braun fue fichado por los norteamericanos al finalizar la guerra y fue elegido para diseñar el Saturno V, el cohete que llevaría al hombre a la Luna. El propio von Braun se basó en su experiencia con el V2 para el diseño del Saturno V y prácticamente todos los cohetes anteriores y posteriores se basan en su arquitectura. Si el lector quiere hacerse una imagen en la cabeza del misil V2 puede pensar en las aventuras de *Tintín en la Luna*. Ese cohete rojo que Georges Remi dibujó para las andanzas de su personaje estaba basado en el V2. Y esto lo hacía en la década de los cincuenta, casi veinte años antes de que pisáramos la Luna. Todo un Verne belga del siglo XX.

Una ironía del destino fue la que acabó con la vida de William Lutley Sclater (1863-1944), un zoólogo británico que fue director del Museo de Historia Natural de Londres. Dedicó tu tarea investigadora al estudio de los pájaros y escribió dos volúmenes muy densos al respecto sobre pájaros del Colorado. Llegó a ser voluntario en la Primera Guerra Mundial y salió ileso. Treinta años después vivió la Segunda Guerra Mundial, pero esta vez ya era mayor y no iba a complicarse la vida, o lo que le quedase de ella. Un día cualquiera que pasaba dentro de su casa de Londres, en el número 10 de Sloane Court, impactó un V1 muy cerca de donde estaba, en uno de los horribles bombardeos que los nazis perpetraban contra los británicos. El misil cayó el 2 de julio. Fue trasladado al Hospital de Saint George, donde moriría el 4 de julio. La ironía es que tenía 80 años, había sobrevivido a una guerra como combatiente y una casualidad lo llevó a la muerte sin tener que combatir en la siguiente tragedia mundial realizada por el ser humano.«Tanto puedes ser herido por azar como por azar conservar la vida», decía Erich Maria Remarque en su novela *Sin novedad en el frente*. Una de los mejores pensamientos del libro trata del daño colateral: «La mayor vileza de todo esto es que los animales tengan que hacer la guerra». Cerremos este apartado parafraseando a Remarque:

> «La mayor vileza de todo esto es que nuestros héroes de la ciencia tengan que hacer la guerra».

EL BIÓLOGO QUE RECOGIÓ SEMILLAS PARA LUCHAR CONTRA EL HAMBRE Y ACABÓ MURIENDO DE MALNUTRICIÓN

Algunos tipos de muerte han cambiado con el tiempo. O simplemente han desaparecido. Es el caso de las muertes en prisión. En la mayoría de los países avanzados no es fácil que la vida de uno termine con la pena de muerte o que muera en un interrogatorio. Vamos a analizar algunos casos de científicos que fueron a prisión, además de algunas muertes que hoy no podrían darse, como por ejemplo que tu cabeza ruede bajo el filo de una guillotina o quedar como churrasco argentino dentro de una hoguera. Sócrates, paradigma de la muerte en prisión, dijo en una ocasión: «El pasado tiene sus códigos y costumbres», haciendo referencia a que el pasado no se puede cambiar, pero sí podemos mejorar el presente y el futuro. Sin embargo y por desgracia, algunos de los casos que vamos a relatar ahora se siguen repitiendo en nuestra época.

EL DEDO DE GALILEO

La figura de Galileo Galilei (1564-1642) ha sido ampliamente estudiada. Es uno de los físicos más importantes de toda la historia de la ciencia. Murió mientras estaba arrestado. Fue un arresto algo especial, pues nunca llegó a estar en prisión. Galileo gozó de la protección de grandes amigos, como los miembros de la familia de los Médici o el mismísimo papa Urbano VIII. Por eso la suerte le acompañó toda la vida, en un periodo histórico en el que había que poner mucho tino en lo que uno dejaba impreso. Ya había tenido un aviso por «grave sospecha de herejía», del que salió airoso. Su libro *Diálogo sobre los principales sistemas del mundo* fue toda una provocación, pues se burlaba abiertamente del geocentrismo tolemaico y, sin tapujos, se declaraba copernicano. También tenía enemigos, así que la publicación le costó un proceso entre abril y junio de 1633.

El poeta John Milton visitó a Galileo durante su arresto domiciliario en Arcetri. Este óleo es obra de Solomon Alexander Hart.

Para salvar la vida le permitieron abjurar de sus creencias, ante el tribunal. Cuenta la leyenda que tras su abjuración pronunció su conocido *Eppur si muove* (Y sin embargo se mueve), algo del todo poco creíble dada su delicada situación. Evitó la hoguera, pero fue puesto bajo arresto domiciliario perpetuo con estrecha vigilancia. Se controlaron las visitas que recibía y lo que opinaba. Tanto el proceso judicial como el arresto posterior es un tema complejo, pero podemos resumir diciendo que gran parte de su arresto domiciliario lo vivió en Arcetri (Florencia), donde acabaría falleciendo. En 1638 perdió la vista por completo, debido a sus minuciosas observaciones del astro rey. Pero esto no le impidió seguir dictando cartas y haciendo experimentos varios. Murió con 77 años y gracias a que se salvó de la hoguera hoy podemos ver uno sus dedos en un recipiente en el Museo de Historia de la Ciencia de Florencia. Un dedo heroico que retó a sus contemporáneos para guiar a la ciencia fuera del camino de la oscuridad del pensamiento mágico.

HOGUERAS

Quienes no se salvaron de la hoguera fueron Giordano Bruno (1548-1600), Matine Berterau (1600-1642) y Miguel Servet (1509-1553).

El italiano Bruno defendió lo mismo que Galileo, que el centro del Universo no estaba en la Tierra, sino en el Sol. Pero fue más allá al afirmar que había múltiples sistemas planetarios habitados por personas como nosotros. Demostró el movimiento de la Tierra con un experimento mental que ha persistido el paso del tiempo y que todavía es ejemplo en las clases de secundaria, expresado en su obra *La cena de las cenizas*. La idea del momento es que la Tierra no podía moverse, porque al dejar caer una piedra esta descendía verticalmente, no se quedaba atrás mientras la Tierra se movía alrededor del Sol. Bruno explicó que la piedra en realidad tiene una inercia (palabra no usada por él mismo) y sigue el movimiento de la Tierra. Hace en su obra una comparativa con una piedra dejada caer desde lo alto del mástil de un barco en movimiento: llegará al pie del mástil y no se quedará atrás. Es prueba más que suficiente para probar que la Tierra se mueve. Pero a los inquisidores no les pareció así, más bien este y otros libros fueron motivo para encarcelarlo durante ocho años mientras duraba su juicio. Entre los encargados del proceso estaba el cardenal Roberto Belarmino, que también estaría presente en el primer proceso de Galileo, en 1616, y que no prosperaría del mismo modo. En febrero del año 1600 se dictaminó la sentencia de muerte en la hoguera, ante lo cual Bruno contestó con su famosa frase: «Tembláis más vosotros al anunciar esta sentencia que yo al recibirla». Bruno moría con 51 años y sus libros entraron en el *Index librorum prohibitorum* de la Iglesia católica, hasta la abolición de este en 1966 por el papa Pablo VI.

El mismo año del asesinato de Bruno nacía en Francia la baronesa de Beausoleil, es decir, la mineralogista Martine Bertereau. Hoy la consideraríamos una seudocientífica, pues fue «experta» en radiestesia. Sin embargo, viajó por toda Europa y Sudamérica localizando depósitos minerales, junto a su marido Jean de Chastelet, barón de Beausoleil. Todos sus estudios sobre minas fueron autofinanciados, por lo que comenzaron a tener problemas económicos. En su libro *El retorno de Plutón* hacía un alegato en defensa a la mujer: «¿Qué hay sobre aquello que dicen sobre las mujeres que cavan y perforan montañas? Es demasiado atrevido y supera las fuerzas de este sexo y tal vez solo hayan palabras vacías en estas promesas». Aunque trabajaron para los reyes Enrique IV y Luis XIII, las deudas los llevaron a la detención, pues en el libro de Plutón pedían el dinero que habían gastado. Todo un atrevimiento que provocó que fuesen acusados de brujería y asunto resuelto. Ella cayó en 1642 en el castillo de Vincennes, a la edad de 42 años, mientras que él moriría en la Bastilla en 1645, con 67 años.

Impresionante estatua de Giordano Bruno
en la plaza de Fiori, en Roma.

En España también tenemos a nuestro abrasado nacional, el médico Miguel Servet, muy probablemente oscense. Realmente dedicó su vida a la teología. Tuvo el valor de negar la Trinidad y de decir otras blasfemias que se consideraban brujería. Con casi 30 años empezó a interesarse por la medicina, al conocer al médico Symphorien Champier en Lyon. Fue residiendo en distintas partes de Francia utilizando seudónimos para ocultarse. Su obra más conocida es *Restitución del cristianismo*. Ahí dedicó unas pocas páginas (poco más de diez entre quinientas) a la circulación menor en el ser humano, por lo que se considera el descubridor de la circulación pulmonar. Aun así, sus ideas no tuvieron mucho calado, puesto que se le dio muerte en la hoguera el 27 de octubre de 1553, en el mismo sitio donde había sido detenido, en Ginebra. Tenía 44 años. Hay que reconocer que Servet no fue un científico al uso, solo tuvo la suerte de dar con unas ideas adecuadas dentro de su pensamiento religioso. Algo parecido ocurrió con Lucilio Vanini (1585-1619), que fue un pensador italiano al que incluyen a veces en la lista de científicos mártires por haber abrazado ideas similares a las de Darwin. Su final fue especialmente espeluznante: le cortaron la lengua, lo estrangularon y después le prendieron fuego.

CUANDO LA POLÍTICA SE EXTREMA

Tras la muerte del barón y de la baronesa de Beausoleil a mediados del siglo XVI, podríamos pensar que estas locuras no pasarían más, pero sí que ocurrieron. Lo única diferencia fue que el brazo ejecutor pasó del extremismo religioso a la sinrazón política. El caso de Antoine Lavoisier (1743-1794) es tal vez el más conocido entre las ejecuciones de científicos. Lavoisier se considera el padre de la química moderna. Fue quien sistematizó matemáticamente la ley de conservación de la masa. A él debemos gran parte de la notación química utilizada hoy en día. Por su relación laboral respecto a la recaudación de impuestos, fue arrestado en 1793 y guillotinado sin piedad el 8 de mayo de 1794. Dejó un gran dolor en la comunidad científica. El propio Lagrange llegó a decir:

«Ha bastado un instante para cortarle la cabeza, pero Francia necesitará un siglo para que aparezca otra que se le pueda comparar».

Retrato de Monsieur de Lavoisier y su esposa, la química Marie-Anne Pierrette Paulze. Obra de Jaques-Louis David, expuesta en el Museo Metropolitano de Arte de Nueva York.

No exageraba. Lavoisier tenía 50 años y tal vez muchas ideas pendientes en aquella ilustre cabeza que el verdugo mostraría a los asistentes.

Puestos a hablar del mundo de la política, nos dirigimos al contexto soviético de la primera mitad del siglo XX. Hay tres fallecimientos destacables: el bioquímico ucraniano Jakub Karol Parnas (1884-1949), el biólogo ruso Nikolái Ivánovich Vavílov (1887-1943) y la bióloga Margarete Hedwig Zuelzer (1877-1943).

Parnas nació en Mokriany, cuando la ciudad pertenecía al imperio austrohúngaro, en un momento de gran inestabilidad política. Aunque trabajó por muchas ciudades de Europa, finalmente terminó adoptando un papel político que abrazaba las ideas soviéticas. Fue una de las tres cabezas pensantes en el descubrimiento de la glucólisis, en concreto hablamos de la ruta Embden-Meyerhof-Parnas. Incluso descubrió y nombró el proceso de fosforolisis (transformación en el organismo del glucógeno en glucosa).En 1941, la Operación Barbarroja de los nazis empujó a Parnas hacia la URSS y allí encontró cobijo. Incluso llegó a ser miembro de la Academia de las Ciencias de la URSS. Pero su tranquilidad no duró demasiado. El 28 de enero de 1949 fue detenido por la extinta KGB, acusado de espía del oeste, una acusación que hasta el momento no ha tenido ningún fundamento. El 29 de enero murió de un «ataque cardíaco» en la prisión de Lubianka, Moscú. Tenía 65 años en el momento de su sospechosa muerte.

Vavílov ni mucho menos corrió mejor suerte. Nació en Moscú, así que no era soviético de adopción, y aun así tuvo importantes problemas. Los inconvenientes vinieron por la defensa de sus ideas científicas, que duraron toda su vida. Nikolái Vavílov fue una especie de Willy Fog soviético, aunque vino al mundo unos cien años antes de la célebre serie animada que disfrutamos en los ochenta los que ya peinamos canas, si la genética te ha dado la suerte de tener pelo. Precisamente la genética fue lo que acabó con la vida de

Vavílov. Organizó más de sesenta expediciones por todo el mundo para estudiar las plantas cultivadas. Su idea era saber en qué punto geográfico se habían domesticado cada una de las plantas que el ser humano cultiva cada día. Los años de guerra civil (1917-1923) dejaron los campos devastados y la infraestructura ferroviaria destruida. Fue una época en que miles de rusos morían de hambre, así que la empresa de Vavílov derrochaba filantropía. Recibió por tanto ayuda económica para buscar esos sitios donde se habían domesticado las plantas cultivadas. A estos lugares se les llamó centros de origen y para localizarlos consiguió recolectar miles de semillas, la colección mas grande de su época. Lo hizo al estilo de los naturalistas del siglo XVIII, aunque no moriría como muchos de ellos, por enfermedades exóticas.

El ruso Trofim Lysenko, cuyas ideas pseudocientíficas acabaron con la vida de Nikolái Vavílov.

Su trabajo tuvo gran éxito al encontrar ocho centros de origen que hoy siguen teniendo validez: América Central (boniato, papaya, tomate), Sudamérica (patata, cacahuete, piña), Mediterráneo (olivo, remolacha, nabo), Oriente Próximo (centeno, granada, membrillo), Etiopía (cebada, berro, café), Asia Central (ajo, zanahoria, vid), región indomalaya (arroz, naranja, coco) y China (soja, melocotón, albaricoque).

El enfoque y la ley de series homólogas de variación (1922) de Vavilov chocaba frontalmente con las asentadas ideas seudocientíficas del ingeniero agrónomo Trofim Lysenko. El lysenkoísmo se oponía por completo a la genética y sentaba sus bases en Lamarck. Vavilov fue apresado por centrar sus conclusiones en la genética y condenado según el artículo 58 del Código Penal de la República Socialista Federativa Soviética de Rusia. Murió en la cárcel, el 26 de enero de 1943, por una distrofia muscular causada por la desnutrición. Una triste ironía: el recolector de semillas que luchó contra el hambre murió por desnutrición a los 55 años.

El mismo año, unos meses después, algo parecido pasaba con otra científica. Margarete Zuelzer fue una de las primeras mujeres científicas universitarias en Alemania. Desde joven se convirtió en una bióloga muy activa que dedicó gran parte de su vida a la bacteriología y publicó varios trabajos sobre espiroquetas. Todo parecía ir bien, pero un detalle le hizo estar en la misma lista negra que miles de alemanes de su época: era judía. En 1939 se vio forzada a emigrar a Ámsterdam, pero la ocupación nazi llegaría pronto y la persecución siguió allí. La Gestapo la detuvo y la envió al campo de tránsito en Westerbork el 20 de mayo de 1943. El 23 de agosto del mismo año moriría de hambre, a la edad de 66 años.

EL ESTÓMAGO VACÍO DE LOS MATEMÁTICOS

Por desnutrición, aunque parezca mentira, también se podía morir uno en la Europa del siglo XX sin estar prisionero o sin sufrir el Holocausto. Solo hacían falta las hambrunas de la guerra o algún tipo de trastorno mental. Es el caso de dos matemáticos íntimamente relacionados, tanto en su modo de morir como en sus campos de trabajo.

El matemático ruso Georg Cantor (1945-1918) ha escrito con tinta indeleble una página en la historia de la ciencia por ser coautor de la invención de la teoría de grupos. En los últimos años de su vida sufrió de varias depresiones maníacas que lo llevaron a distintos sanatorios. Curiosamente en sus periodos de depresión se alejaba de las matemáticas y se acercaba a sus ideas filosóficas, religiosas y literarias. Entre ellas, una obsesiva defensa de que las obras de Shakespeare fueron escritas por Francis Bacon. Finalmente murió empobrecido y por malnutrición. Fue el 6 de enero de 1918 y tenía 72 años.

Margarete Zuelzer como estudiante en Heidelberg en el semestre de verano de 1902.

El segundo matemático del que hablamos es el lógico-matemático alemán Kurt Gödel (1906-1978), cuyo trabajo ha sido de gran trascendencia en el siglo XX. La última década de su vida se marcó por un trágico declive de su aspecto físico y mental. Se obsesionó por su alimentación, su temperatura corporal y por sus hábitos intestinales. Tomó una gran cantidad de medicamentos para todas las afecciones, que parecen ser psicosomáticas. Su perturbación mental le hacía temer constantemente que iba a ser envenenado de algún modo. Llegó a tal punto que solo comía si su esposa Adele le preparaba la comida. Hubo un problema y es que Adele tuvo que ser hospitalizada durante seis meses y Gödel, evidentemente, se negó a comer. Tal fue el deterioro que al morir pesaba solo 32,5 kilogramos. Para Adele fue un duro golpe, pues había estado 50 años a su lado y había luchado firmemente por él, siendo su enfermera y su probadora de alimentos. Gödel falleció el 14 de enero de 1978 con 71 años.

* * *

El microbiólogo georgiano George Eliava (1892-1937) también fue arrestado y ejecutado con 45 años como «enemigo del pueblo», junto a su esposa. La política ha dejado muchos cadáveres. Nos vamos al principio de la sección, pues el propio Sócrates murió envenenado en prisión por los políticos de su época. Cuando tenía 70 años aceptó la sentencia que se le impuso por no reconocer a los dioses atenienses y corromper a la juventud. La condena consistía en beber de la cicuta. Los alcaloides tóxicos actúan de manera eficaz y trágica: parálisis muscular que termina en la muerte por asfixia, además de otros síntomas previos. Las últimas palabras de Fedón en el libro homónimo de Platón tras la muerte de Sócrates fueron:

«Este fue el fin, Equécrates, que tuvo nuestro amigo, el mejor hombre, podemos decir nosotros, de los que entonces conocimos, y en modo muy destacado el más inteligente y más justo».

En un cuadro titulado *La muerte de Sócrates* aparece Platón, sentado al pie del maestro. Se trata de una licencia del artista, pues Platón no se encontraba realmente en la escena por enfermedad. El óleo es obra de Jaques-Louis David, quien también inmortalizó al matrimonio Lavoisier en su laboratorio. Ambos cuadros están expuestos en el Museo Metropolitano de Arte de Nueva York y son un verdadero espectáculo por sus dimensiones.

PARA SABER MÁS

- VV. AA., (2007), *Fundamentos de obstetricia*, SEGO.

- Louis Ferdinand Celine (2014), *Semmelweis*, Ed. Marbot.

- Semmelweis, Ignaz (1861), *Etiology, Concept and Prophylaxis of Childbed Fever*, Trad. Carter, K. Codell, University of Wisconsin Press.

- Mozans, H. J. (1913), *Women in Science*, Appleton.

- Vail, A. M., «*Jane Colden, an early New York botanist*», *Torreya*, 7, (2): 21-34,1907.

- Smith, B. S., «*Jane Colden (1724-1766) and Her Botanic Manuscript*», *American Journal of Botany*, 75 (7): 1090-1096, 1988.

- Fernández Aguilar, E. M. (2012), *Arquímedes*, RBA.

- Ukrow, R. (2004), «*Nobelpreisträger Eduard Buchner (1860 - 1917). Ein Leben für die Chemie der Gärungen und - fast vergessen - für die organische Chemie*», Tesis doctoral presentada en la Universidad Técnica de Berlín.

- Valpuesta, J. M. (2008), *A la búsqueda del secreto de la vida. Una breve historia de la biología molecular*, CSIC.

- Moseley, H. G. J., «*The High Frequency Spectra of the Elements*», *Philosophical Magazine*, 27, (160): 703-713, 1913.

- Heilbron, J. L., «*The Work of H. G. J. Moseley*», Isis, 57, (3): 336-364, 1966.

- Asimov, I. (1982), *Asimov's Biographical Encyclopedia of Science and Technology: The Lives and Achievements of 1510 Great Scientists from Ancient Times to the Present Chronologically Arranged*, Doubleday.

- Boughn, S., «*Fritz Hasenöhrl and $E = mc^2$*», *The European Physical Journal H*, 38 (2): 261–278, 2013.

- Planck, M. (1915), «*General Dynamics. Principle of Relativity*», *Eight lectures on theoretical physics*, Columbia University Press.

- Remarque, E. M. (1929), *Sin novedad en el frente*.

- Agencia, «*Believe suicide is "thin man" in moore slaying*», *Chicago Tribune*, 17 de junio de 1936.

CAPÍTULO 3

El naturalista que se lanzó al Sena y otras historias de muertes voluntarias

En el Instituto Pasteur han trabajado científicos de gran renombre e importancia. Uno de ellos fue el ruso Ilya Metchnikoff, aunque su importante descubrimiento de la fagocitosis fue realizado en una estancia en Italia. Observó unas células avanzando como un ejército hacia una espina clavada en una larva de estrella de mar. La idea de los fagocitos persiguió al ruso hasta tal punto que llego a estar convencido de que en la vejez estas células se rebelan contra el propio cuerpo dando como resultado la senectud. La solución no era otra —en su opinión— que la ingesta masiva de yogurt para hacer florecer la población de *Lactobacillus bulgaricus* en el estómago. A pesar de haber realizado grandes experimentos la tendencia depresiva de Metchikoff lo encaminó a dos intentos de suicidio. Sin embargo, según su mujer Olga, fue la ciencia quien le salvó la vida al centrar de nuevo sus pensamientos en ella tras haber tomado morfina para toda una cuadra:

> «Cayó en una especie de sopor, de extraordinaria placidez y reposo absoluto; a pesar de este estado comatoso seguía consciente y no tenía ningún temor a la muerte. Cuando volvió en sí de nuevo, fue con una sensación de consternación. Se decía a sí mismo que solo una grave enfermedad podría salvarle, bien por terminar en la muerte o bien por despertar el instinto vital en él. Para alcanzar su objetivo tomó un baño muy caliente y luego se expuso al frío. Mientras regresaba por el puente del Ródano, vio repentinamente una nube de insectos alados que volaba alrededor de la llama de una linterna. Eran *phryganidae*, pero a distancia los tomó por e*phemeridae*, y la visión de ellos le sugirió la siguiente reflexión: "¿Cómo puede aplicarse a estos insectos la teoría de la selección natural? Ellos no se alimentan y solo viven unas pocas horas; por lo tanto, no están sometidos a la lucha por la existencia, no tienen tiempo de adaptarse a las condiciones ambientales"».

Metchnikoff no lo consiguió, pero otros sí. Tal vez no quería suicidarse en realidad y fueron momentos de debilidad. Algunos científicos sí lo consiguieron y puede que estuviesen completamente seguros de lo que quería hacer. Por una razón o por otra podríamos estar hablando de seres humanos torturados, perseguidos, atormentados. La muerte voluntaria responde a las más variadas motivaciones y tipologías. Ahorcamientos, disparos, saltos al vacío, etc. A veces la disciplina científica hace que se prefiera un método en vez de otro. Por ejemplo, los químicos suelen usar métodos químicos y los físicos métodos físicos. Todos son válidos para acabar con uno mismo, lo que les importa es el resultado, el silencio eterno.

UNA MUERTE SENCILLA

Muchas historias trágicas tienen finales serenos, o al menos es la impresión que nos deja la calma después de la tormenta. En *El amor en los tiempos del cólera* encontramos uno de los comienzos de novela más ampliamente conocidos:

> «Era inevitable: el olor de las almendras amargas le recordaba siempre el destino de los amores contrariados».

Gabriel García Márquez tenía grandes conocimientos médicos y dejó constancia de ello en muchos de sus libros. Él mismo reconoció que esta frase, que le costó un mes de trabajo, se inspiró en Agatha Christie. El cianuro ha sido un veneno muy empleado durante toda la historia de la humanidad, tanto en asesinatos como en suicidios. Su olor es similar al de las almendras amargas. El cianuro (CN^-) es un ion compuesto por un átomo de carbono y uno de nitrógeno, unidos por un triple enlace. Este ion aparece formando compuestos solubles que lo hacen altamente tóxico: con hidrógeno (cianuro de hidrógeno o ácido cianhídrico si está disuelto en agua), con potasio (cianuro de potasio), con sodio (cianuro de sodio) y con cloro (cloruro de cianógeno). En todos los casos el grupo CN^- actúa bloqueando la cadena de transporte de electrones, lo que finalmente se traduce en que las mitocondrias no consumen el oxígeno aportado por los glóbulos rojos. En la autopsia de un fallecido por ingesta de cianuro se apreciará gran cantidad de oxígeno en las venas del cadáver, es un hecho de primero de *CSI Las Vegas*. Y como se ha dicho, un fuerte olor a almendras amargas persiste, debido a la volatilidad del cianuro. Vamos a acercarnos mínimamente al nombre de ocho científicos que decidieron acabar con su vida utilizando esta novelesca y olorosa sustancia. De finales aparentemente calmados vamos a hablar en esta sección: cianuro y otros tipos de sustancias tóxicas. Nada de cadáveres ensangrentados o hinchados por el agua, no veremos sesos estampados en las paredes ni ojos salidos de su órbita por ahorcamiento, solo un profundo sueño hacia la eternidad.

SUICIDIOS BAJO SOSPECHA

Nos dirigimos al caso del químico estadounidense Gilbert Newton Lewis (1875-1946), que recibió nada menos que 41 nominaciones a Premio Nobel, pero que no lo consiguió ni una sola vez. Se considera una de las mayores injusticias de la historia de la ciencia, teniendo en cuenta su gran cantidad de aportaciones al conocimiento científico; desarrolló el modelo del átomo cúbico, realizó la primera descripción del enlace covalente, introdujo la notación que lleva su apellido, cambió la idea que se tenía hasta entonces de ácidos y bases, acuñó el término «fotón», aisló por primera vez agua pesada y explicó la fotosíntesis. Murió con 70 años en condiciones extrañas, como cuenta Daniel Torregrosa en el blog «Ese punto azul pálido»:

> «En 1946, un estudiante de la universidad de Berkeley encontró el cuerpo sin vida de Gilbert Lewis en su mesa de laboratorio. El médico forense estableció que la causa de su muerte fue un ataque al corazón. Lewis era un fumador empedernido, pero lo cierto es que en el laboratorio se respiraba un ambiente que recordaba a las almendras amargas, un característico olor que delata la presencia de cianuro. Lewis utilizaba el cianuro de hidrógeno en sus investigaciones, pero siempre quedó la duda sobre si en realidad su muerte fue un suicidio. Al parecer ese mismo día Lewis había almorzado con el laureado Irving Langmuir, su rival durante años, convertido ahora en un personaje carismático de gran éxito por su participación en el proyecto Manhattan y que venía a su universidad a recoger un premio. Los testigos de aquel día relatan que Lewis regresó del almuerzo muy malhumorado, jugó al *brigde* con sus colegas y se retiró a su laboratorio. Fue la última vez que se vio con vida a uno de los mejores químicos de la historia de la ciencia».

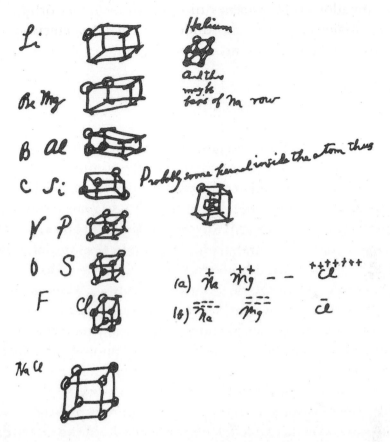

Dibujo del modelo del átomo cúbico de Gilbert Newton Lewis, 1902.

Otro suicidio no confirmado fue el del polifacético francés Nicolas de Condorcet (1743-1794). Fue matemático, economista y político. Lo último fue lo que lo llevó a la muerte, pues desempeñó un papel importante y polémico en la Revolución francesa. Defendió la participación de la mujer en las decisiones políticas; tanto es así que se mostró abiertamente partidario del voto femenino. Posicionado entre los girondinos, en octubre de 1793 se emitió una orden de arresto por traición contra él por parte de los jacobinos. Tras esconderse durante cinco meses en París, pensó que ya no corría peligro, pero al salir de su escondite fue detenido. Se encontró muerto en la celda el 28 de marzo de 1794.

Mientras que unos hablan de suicidio, otros piensan que fue asesinado con una mezcla de la planta venenosa estramonio y de opio. En el momento de su muerte tenía 50 años.

EL MÉTODO DE LOS QUÍMICOS

A finales del siglo pasado, Jason Altom (1971-1998) disfrutaba de una beca de doctorado, como lo hacen miles de jóvenes hoy en día. Aunque la suya era muy especial, pues lo hacía bajo la batuta del Nobel de Química Elías James Corey en la Universidad de Harvard. Sus compañeros de laboratorio lo describían como un trabajador imparable, responsable y muy aplicado. Corey le había encargado la síntesis de una molécula que sería el comienzo de su carrera científica. Hay que tener en cuenta que a Corey le concedieron el Premio Nobel precisamente «por sus adelantos en teoría y metodología de síntesis orgánica». En este sentido es indudable que estaba con el mejor, aunque su profesionalidad tendría un final inesperado. En agosto de 1998 Altom decidió llevarse a casa cierta sustancia del laboratorio donde trabajaba. Fue encontrado en la cama del apartamento donde vivía, parecía dormido plácidamente. Una nota sobre él decía:

«No resucitar. Peligro: cianuro de potasio».

Jason Altom no era una mala persona, cuenta un compañero de habitación, que tenía miedo a que alguien pudiese envenenarse al intentar hacerle la reanimación boca a boca. Dejó tres notas de suicidio: a sus padres, al jefe del Departamento de Química de Harvard y a Corvey. Tiempo después sus padres revelaron el contenido de su carta y se desveló algo impactante e inesperado: Altom señalaba la presión que soportaba en la universidad como el motor de su decisión, «podría haberse evitado». Un golpe para la Universidad de Harvard, aunque no era el primer joven que se había suicidado mientras estudiaba en aquella institución, pero en esta ocasión sí trascendieron sus motivos: «Los profesores aquí tienen demasiado poder sobre las vidas de sus estudiantes de posgrado». Desde entonces, la evaluación del progreso de los alumnos no depende solo de un profesor, sino de un equipo docente que incluye además a consejeros y a psicólogos. Jason Altom fue un héroe entre los estudiantes que murió con 26 años para mejorar las condiciones del futuro del aprendizaje universitario. Al año siguiente la molécula que Altom buscaba, la aspidofitina, fue sintetizada por compañeros posdoctorales. Publicaron un artículo con el hallazgo en *Journal of the American Chemical Society* e incluyeron al joven entre los autores.

Y ya que estamos hablando de moléculas, el tiofeno fue descubierto en 1883 por Viktor Meyer (1848-1897) y es ampliamente utilizado en la industria farmacéutica. También le parecía ir todo bien a Meyer, pero no todo lo que relumbra es oro. Este químico alemán había tenido una carrera brillante. Su nombre está asociado a un aparato que sirve para determinar el peso molecular de líquidos volátiles. Su historia se parece a la del joven universitario Jason Altom: una sobrecarga de trabajo le hizo padecer varias crisis nerviosas que lo empujaron a degustar cianuro. Tenía 48 años.

Rudolph Schoenheimer (1898-1941) fue un bioquímico alemán que también sorprende con su marcha. Se convirtió en la primera persona en estudiar el metabolismo con marcaje de biomoléculas mediante isótopos estables. Gracias a esta técnica pudo demostrar que el colesterol es un importante factor de riesgo en la aterosclerosis. Formó parte de tantos científicos judíos que huyeron de Alemania en la Segunda Guerra Mundial. Encontró refugio en la Universidad de Columbia, en Nueva York. Sufrió grandes depresiones maníacas durante toda su vida, una situación con la que decidió terminar cuando estaba en lo más alto de su carrera científica. Usó cianuro para despedirse y tenía solo 43 años.

Los químicos lo han tenido fácil para terminar sus días a través del cianuro. Otro caso es el del alemán Hermann Emil

Fischer (1852-1919). Casualmente estuvo a punto de seguir como estudiante a Viktor Mayer, eso no le alejaría de un final parecido. A Fisher le debemos el descubrimiento del barbital o veronal (primer somnífero del grupo de los barbitúricos) y el entendimiento de la estructura de muchas moléculas, entre ellas la de la glucosa y la fructosa. En 1902 ganó el Premio Nobel de Química «por sus estudios de síntesis del grupo de la purina».

Emil Fischer, 1912.

Pero tal vez es más ampliamente conocido entre los estudiantes por su modelo llave-cerradura de las enzimas (a cada sustrato le corresponde una enzima con la que tiene complementariedad geométrica). Fischer no murió tan joven como los anteriores. Conoció la muerte de uno de sus tres hijos en la Primera Guerra Mundial y el suicidio de otro (25 años) al no poder encajar su servicio militar. Deprimido por los golpes, fue diagnosticado de cáncer y decidió que no merecía la pena vivir, por lo que tomó cianuro a la edad de 67 años.

Aunque se dedicó más bien a la política, el polaco Adam Czerniaków (1880-1942) era ingeniero químico. Fue líder del consejo judío del gueto de Varsovia. El 22 julio de 1942 se le informó de que los judíos del gueto serían deportados hacia el este, a un ritmo de 6.000 personas por día. Hubo sin embargo concesiones para los miembros del consejo, la Policía Judía, los empleados de empresas alemanas y el personal sanitario. El 23 de julio Czerniaków luchó todo lo que pudo para ampliar las exenciones a los huérfanos de Kanusz Korczak, pero no lograría su empresa. Esa misma noche se suicidó tomando cianuro en su propio despacho. Su nota de despedida a su esposa fue esta: «Me piden que asesine a los hijos de mi gente, con mis propias manos. No tengo nada que hacer, solo morir». Tenía 61 años y una humanidad fuera de lo común.

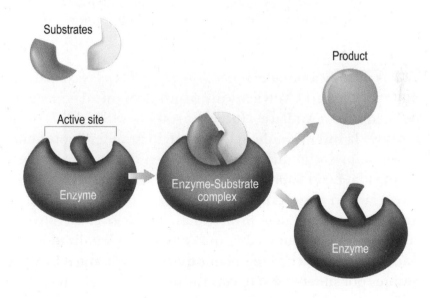

El modelo llave cerradura justifica que cada enzima tiene asignado un sustrato con el que encaja perfectamente. Fue propuesto por Hermann Emil Fischer, que terminó con su vida por medio del cianuro.

Adam Czerniaków no soportó el no poder evitar las deportaciones de judíos y especialmente de niños, por lo que se quitó la vida mediante el cianuro.

Las habitaciones de hotel son todo un clásico para la muerte voluntaria. Volviendo a los químicos suicidas maestros del cianuro, a Wallace Hume Carothers (1896-1937) se le atribuye la invención del nailon. Sufrió grandes depresiones desde su juventud que lo torturaron en distintos momentos de su vida. En la habitación de un hotel de Filadelfia decidió usar cianuro para terminar con su sufrimiento, aunque de una manera algo más profesional. Disolvió el cianuro en zumo de limón, pues sabía que este es un catalizador que hace que la reacción sea más rápida. Un final a su altura, aunque tristemente joven, con 41 años.

Imagine que invita a un amigo a pasar el fin de semana a casa y cuando se levanta el sábado por la mañana no oye actividad ninguna en la habitación en la que se ha alojado. Pasan las horas hasta que decide entrar. Y allí se encuentra a su amigo tendido en la cama: se ha suicidado. No es plato del gusto de nadie en su sano juicio. Algo así es lo que hizo el médico y escritor de viajes inglés George William Lefevre (1798-1846), se le ocurrió ingerir cianuro nada menos que en casa de su amigo el Dr. Nathaniel Grant. No hay detalles sobre si el amigo estaba presente o no en el momento de su muerte, con 48 años.

Se dice que Wallace Carothers, inventor del nailon, no supo encajar un bloqueo temporal como inventor a sus 41 años.

Por último, no tenemos más remedio que hacer mención del nunca lo suficientemente homenajeado (1912-1954). Sobre la vida y obra de Turing ya se ha hablado mucho, así que no nos detendremos demasiado. Solo recordar que es uno de los padres de la computación y que a él se deben la maquina y el test que llevan su apellido. Pero por lo que ha pasado a la historia en el acervo popular es por haber sido la persona que descifró la máquina Enigma de los nazis en la

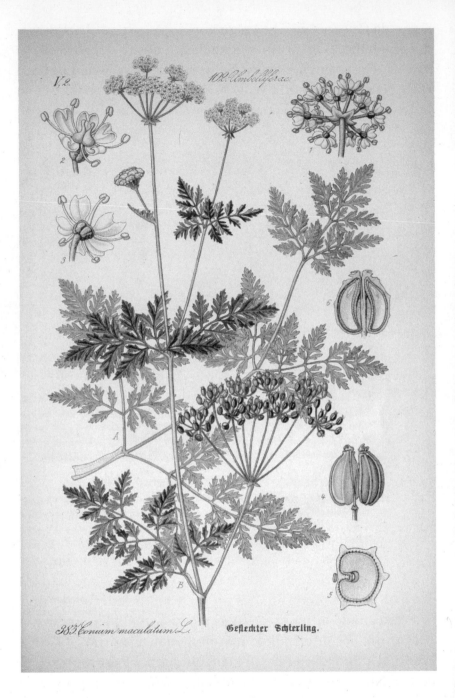

Conium maculatum.

Segunda Guerra Mundial, algo por lo que su país, Inglaterra, debería haber estado agradecido y que, sin embargo, lo llevó a un final desdichado. En 1952 acudió a la policía a denunciar un delito: habían robado en su casa. Tuvo que decir que su propio novio Arnold Murray había ayudado a un cómplice a entrar. El robo tomó entonces un papel secundario, pues la homosexualidad en aquellos años estaba prohibida en Inglaterra. La justicia olvidó el hurto y fue procesado por «indecencia grave y perversión sexual», algo hoy en día que parece sacado de *El Mundo Today*, y más hablando de una figura clave en el desenlace de la guerra.

La condena consistía en un tratamiento con estrógenos que le produjeron graves secuelas físicas, incluso llegó a padecer disfunción eréctil. El 7 de junio fue hallado por su ama de llaves en la cama, envuelto en una muerte de cuento: a última hora de la tarde había dado varios mordiscos a una manzana que parecía estar envenenada con cianuro. Al menos es lo que contaron los periódicos. El gusto por las buenas historias se ocupó del resto. Aunque encontraron cianuro en su cuerpo y en un laboratorio («la habitación de las pesadillas» la llamaba Turing) anexo a su habitación, nunca se hizo la prueba con la propia manzana.

La madre del matemático siempre apeló a que la ingesta fue accidental, parece ser que para ocultar su homosexualidad, me apunta un familiar político mientras escribo este libro. En los últimos años han aparecido voces que recurren a un accidente e incluso a un asesinato. Turing se ha convertido en leyenda, hasta el punto de que parece ser que la manzana de la empresa Apple es un guiño a su muerte al estilo de Blancanieves, con tan solo 41 años.

Fue un héroe de la humanidad en la Segunda Guerra Mundial y un héroe de la ciencia lapidado por su propia gente. No termina aquí la historia, pues fue perseguido incluso después de su muerte. Hasta 2009 no aparece un movimiento para limpiar su nombre. El científico John Graham-Cumming comenzó una campaña con la que consiguió que el ministro Gordon Brown pidiera disculpas públicas por el proceso de Turing. Sin embargo, el indulto no prosperó una vez elevado al Gobierno, puesto que la sentencia era coherente con la ley de aquel momento. El tecnicismo se lo sacudió la reina Isabel II, que el 24 de diciembre de 2013 firmó una orden de gracia y misericordia que le concede el perdón a título póstumo. Así quedó exonerado, 60 años después de su muerte, uno de los más grandes héroes científicos que ha dado la historia.

HACIA EL FINAL SERENO

El Holocausto también empujó al suicidio a la zoóloga italiana Enrica Calabresi (1891-1944). De familia judía, se especializó y enseñó Herpetología y Entomología. En enero de 1944 fue arrestada y llevada al santuario de Santa Verdiana, que se había convertido en cárcel. Una sobrina de la científica dijo que podría haber huido del país antes de ser arrestada, pero «murió por sus ideales antifascistas». El convento no era más que una lanzadera para ser deportada al campo de concentración de Auschwitz. Calabresi llevaba siempre consigo fosfuro de cinc, un potente raticida. No iba a permitir que los nazis la mataran de hambre y prefirió dos días de agonía tras ingerir el veneno. Murió el 20 de enero de 1944, a los 52 años.

Fallecer envenenado por cianuro, por fosfuro de cinc o por otros venenos no es precisamente agradable, el afectado sufre espasmos y dolores terribles. No fue así el caso del ingeniero francés Henri Giffard (1825-1882), que utilizó otra sustancia llamada tricloruro de metilo. Aunque no es un científico en el sentido estricto de la palabra, merece un lugar en esta obra por sus esfuerzos en el ámbito de la aviación. Es considerado el inventor del dirigible y no pudo superar su pérdida paulatina de la visión. Hay que ponerse en el lugar de un hombre que en el siglo XIX había mirado por encima de las cabezas de la población; no poder hacerlo más debió hundirlo. Así que decidió tener una muerte serena mediante el ligero sueño proporcionado por el cloroformo (tricloruro de metilo). Su suicidio no fue en balde, donó todos sus bienes a propósitos humanistas y científicos. Por eso podríamos guardarle un hueco en una posible colección de héroes de la ciencia. Falleció a los 57 años.

Haremos una parada en el físico noruego Kristian Birkeland (1867-1917), que fue siete veces candidato al Premio Nobel. Y nos detenemos porque hay cierta relación con Fischer, que se suicidó usando cianuro. Birkeland es injustamente olvidado, teniendo en cuenta que uno de sus inventos es motivo de vídeos virales en el siglo XXI. Nos referimos al cañón de Gauss, esa «pistola» hecha con un riel y varios imanes y que lanza bolas de metal (puntilla para los más sádicos) a toda pastilla. A él también debemos la descripción de las corrientes de Birkeland y que se usan en la comprensión de la aurora boreal, además del proceso de Birkeland-Eyde para fijar el nitrógeno del aire. Fue un científico y un inventor tan incansable que su matrimonio acabó en divorcio debido al trabajo. En junio de 1917 fue a Tokio a visitar a unos colegas. En ese viaje aparecía muerto en su hotel de Tokio. La autopsia dictaminó que había ingerido una dosis de veronal veinte veces superior a la aconsejada, esa sustancia que Fischer descubrió en 1904. A pesar de que no hubo nota de suicidio, la pistola sin usar sobre la mesa y una dosis tan desproporcionada hacen pesar que sí lo fue. Tenía 49 años.

Pero la más serena de las muertes elegidas por uno mismo fue la del afamado bioquímico inglés Christian de Duve (1917-2013). Fue el descubridor de los peroxisomas y los lisosomas, ambos orgánulos celulares. Por esta razón compartió el Nobel de Medicina o Fisiología en 1974. Su descubrimiento de la hormona pancreática glucagón ha sido extraordinariamente importante para poder entender el mecanismo de regulación glucémica en nuestro organismo. También es conocido por ser uno de los primeros defensores de la teoría endosimbiótica, es decir, que algunos orgánulos de las células eucariotas son en realidad el vestigio de células procariotas que se asociaron a las eucariotas primitivas. Una carrera científica sin duda larga y fructífera, que acaba pasando factura con la edad y la aparición de varias dolencias: fibrilación muscular, cáncer, una caída que lo debilita aún más. Al final de su vida estaba asentado en Bélgica, donde es legal la eutanasia, también llamado suicidio asistido. Y él lo solicitó. Le fue administrado en su propia casa delante de sus cuatro hijos. Quizás no dé tanta impresión morir con su edad como otros jóvenes que hemos visto aquí, pero al fin y al cabo una historia de un científico excelente que murió con 95 años.

Christian de Duve, siete meses antes de la administración de la eutanasia. Hasta el momento es el único científico conocido que ha fallecido de este modo. Fuente: Julien Doornaert/WikimediaCommons.

Decidió despedirse de un modo similar el botánico David Goodall (1914-2018). De origen inglés, atesoró una gran reputación mundial por ser una de las personas que convirtió la ecología vegetal en una ciencia descriptiva, más cuantitativa y, por ende, menos subjetiva. Estuvo en activo hasta los 103 años (ha leído bien), pero ya se encontraba cansado y su calidad de vida se había mermado (vaya si se comprende). En una entrevista a una cadena de televisión australiana dijo:

> «No soy feliz. Quiero morirme. No es particularmente triste. Lo triste es que me lo impidan. Mi sentimiento es que una persona mayor como yo debe beneficiarse de sus plenos derechos de ciudadano incluido el derecho al suicidio asistid».

Lo preparó todo, viajó a Suiza y contrató a la empresa *Eternal Spirit*. El director de la fundación, Philip Nitschke, comunicó vía Twitter que Goodall falleció pacíficamente en Basilea por la administración de nembutal, el mismo barbitúrico que acabó con la vida de la célebre actriz Marilyn Monroe. Su eutanasia es digna de un final de película, pues se desarrolló con la novena de Beethoven sonando de fondo. Bate el récord de ancianidad de este libro, nos dejó el 10 de mayo de 2018.

* * *

Para cerrar la lista de científicos que decidieron suicidarse sin consecuencias desagradables a la vista, nos fijamos en el que se puede considerar el más original de todos: el aracnólogo inglés Frederick Octavius Pickard-Cambridge (1860-1905). Se suicidó con 44 años usando veneno de araña. Cada uno tira de lo que tiene a mano, es lo que pensaría el aracnólogo. Aunque es cierto que el cianuro parece que es uno de los métodos más usados a la hora de administrarse sustancias, no solo entre los químicos. Así murió por ejemplo Horacio Quiroga y algunos de sus familiares. El poeta argentino Leopoldo Lugones, amigo de Quiroga, también dejaría el mundo con este procedimiento, y en un contexto similar al de algunos de nuestros científicos, en una hospedería. Los dueños vieron el cadáver de un señor de 63 años y no sabían que se encontraban ante el cuerpo de uno de los poetas más importantes de Latinoamérica. Casi treinta años antes escribió un poema titulado *Historia de mi muerte*, una macabra predicción de futuro y de los efectos de nuestro ion protagonista, el cianuro:

> *Soñé la muerte y era muy sencillo;*
> *una hebra de seda me envolvía,*
> *y a cada beso tuyo*
> *con una vuelta menos me ceñía.*
> *Y cada beso tuyo*
> *era un día;*
> *y el tiempo que mediaba entre dos besos,*
> *una noche. La muerte era muy sencilla*
> *y poco a poco fue desenvolviéndose*
> *la hebra fatal. Ya no la retenía*
> *sino por solo un cabo entre los dedos…*
> *Cuando de pronto te pusiste fría,*
> *y ya no me besaste…*
> *Y solté el cabo y se me fue la vida.*

EL QUÍMICO CON VOCACIÓN DE JESUCRISTO Y OTRAS HISTORIAS CON FINAL SANGRIENTO

Tras sus éxitos en la gira por Europa, Violeta Parra volvió a su tierra y levantó una carpa en la comuna de La Reina, en Santiago de Chile. Corría el año 1965. Su pretensión era que pronto se convirtiese en lugar de peregrinación cultural de Chile, pero la respuesta no fue la esperada. Un año después su pareja se fue —«Run run, se fue pa`l norte», como dice la canción— y se hizo patente su tendencia depresiva. El 5 de febrero de 1967 y con vendas en las muñecas por un intento de suicidio, Violeta Parra se quitaba la vida dándose un tiro en la sien derecha, dentro de su carpa. A una hora casi taurina, a las 17:40 de la tarde, y con un futuro musical roto a los 49 años. En esta parte del capítulo dedicado a los suicidios vamos a hablar de finales algo más trágicos que los anteriores; mejor dicho, desagradables para aquellos que encuentran el cadáver. Nos encontraremos con figuras que usaron cuchillas, sogas, balas o saltos al vacío.

CUCHILLAS

Cualquier filo cortante puede acabar con la vida de una persona, pero tiene un inconveniente: si la incisión se hace en una vena y no en una arteria, por lo que la muerte es lenta. Si el sujeto está decidido a morir corre el peligro de que sea encontrado inconsciente en medio de un charco de sangre. Así escapó de su primer intento Violeta Parra. Es un método poco útil y utilizado a menudo más para llamar la atención que para su verdadero fin.

La muerte del microbiólogo británico David Christopher Kelly (1944-2003) está envuelta en una mezcla de misterio y ansias de conspiración. Kelly era personal científico del Ministerio de Defensa británico y experto en armas biológicas. En un reportaje sobre armas de destrucción masiva en Iraq publicado por la BBC apareció su nombre como una de las fuentes. Aquello levantó una importante polémica, pues no dejaba en buen lugar al Gobierno de Blair, que se enfrascó en una batalla contra la BBC para que confirmara la fuente principal. Los periodistas negaban que fuese el Dr. Kelly, a pesar de que se habían reunido en más de una vez. El microbiólogo vivió un mes de julio de tortura mediática y de auténtica presión gubernamental. El 17 de julio salió a dar un paseo sobre las tres de la tarde cerca de su casa, en Southmoor, Oxfordshire, aunque la ropa que llevaba no era la apropiada. Como la familia estaba acostumbrada a sus largos paseos, no contactaron con la policía hasta casi las doce de la noche, para informar sobre su desaparición. Pasada las 9 de la mañana del día siguiente la policía encontró su cuerpo inerte, a una hora a pie de su casa. Desde ese mismo momento comenzó una teoría de la conspiración sobre su muerte, que aún permanece, debido principalmente a que el informe forense se ocultaría durante ¡70 años!. La idea no era otra que proteger a la familia de cualquier tipo de comentario mediático. Pero las consecuencias no fueron las esperadas, así que se decidió hacer público los resultados de las pruebas. A pesar de que podría haber razones para pensar que el propio Gobierno lo asesinó, los informes forenses dicen con claridad que su muerte es «típica de una lesión autoinflingida». La causa de muerte fue una herida en la muñeca izquierda, «totalmente compatible de ser realizada con un arma blanca». El proceso probablemente se aceleró por la ingesta masiva de co-proxamol (mezcla de paracetamol y dextropropoxifeno) junto a una afección coronaria que había permanecido en silencio. El Dr. Kelly tenía 59 años y dejaba detrás mujer e hijas.

Caso de sangre fue también el del odontólogo estadounidense Horace Wells (1815-1848). Con menos de treinta años asistió a un *show* ofrecido por Gardner Quincy Colton en Hartford, Connecticut. Colton iba dando demostraciones públicas del efecto del óxido nitroso, el conocido como gas de la risa, con un evidente interés lucrativo. A la demostración se presentó voluntario el empleado de un boticario local, Samuel A. Cooley. Bajo la acción del óxido nitroso Colton golpeó sus piernas con madera e incluso dio pasos sobre él. Sus extremidades quedaron visiblemente lastimadas, así que Wells se acercó a él una vez terminado el espectáculo. Le preguntó sobre lo que había sentido y relató que no había sufrido ningún dolor. Este solo vino una vez se fue el efecto del gas de la risa. El odontólogo no pudo más que pensar en los terribles dolores que sufrían sus pacientes en las intervenciones que les hacía, por lo que llegó a un acuerdo con Colton para poder usarlo. Y fue valiente, pues al día siguiente Wells se sometió a una extracción dental por parte de su colega John Mankey Riggs bajo los efectos del óxido nitroso. Su compañero es conocido como uno de los fundadores de la periodontitis. Incluso sus discípulos comenzaron a llamar «enfermedad de Riggs» a la que era conocida como «piorrea alveolar». Y no fue su único éxito. La experiencia del óxido nitroso con Wells fue un acierto y se considera como el comienzo del uso de la anestesia en odontología. Horace Wells era un filántropo, así que no quiso patentar su descubrimiento, pues no sufrir dolor debía ser «tan gratuito como el aire».

El paciente con el que Horace Wells realizó la demostración pública de su anestesia gimió de dolor.

Pero la gran oportunidad de Wells no fue abrazada por el resto de colegas. El problema vino en una mala demostración al resto de la comunidad de odontólogos. Fue un hombre bastante entradito en carnes el que se ofreció para la prueba y, claro, la dosis de óxido nitroso no fue bien calculada, así que en mitad de la intervención comenzó a gritar de dolor para desconcierto de los asistentes. Si tienes un fracaso profesional, siempre te queda ser vendedor de artículos hogareños y a eso se dedicó durante un par de años. Acabaría siendo adicto al cloroformo, todo un peligro que no se conocía por entonces. Llegó a experimentar los efectos del cloroformo en su propio organismo y alcanzó tal deterioro mental que en un desvarío corrió por la calle y vertió ácido sulfúrico a dos prostitutas, lo que le supuso un tiempo en la famosa cárcel neoyorquina de Las Tumbas. En un momento de lucidez se dio cuenta de en qué se estaba convirtiendo y no pudo soportar más su propio devenir, por lo que le pidió a los guardas que lo escoltaran a su casa para rescatar su *kit* de afeitado. De nuevo en la celda, tomó una dosis de cloroformo como analgésico para poder soportar el dolor de la certera incisión que se realizó a sí mismo en la arteria femoral de la pierna izquierda. Si usted tiene edad para recordar las imágenes de un moribundo Paquirri en Pozoblanco, sabrá que es una muerte relativamente rápida, comparado con el corte de una vena. En el caso del odontólogo se realizó por una mano experta, sabía dónde tenía que poner el filo de la cuchilla. Dejó varias notas de despedida. La de su mujer decía: «Siento que me estoy convirtiendo en un hombre trastornado. Si no fuera por esto desistiría de lo que voy a hacer. No puedo vivir y mantener mi razón, así que Dios perdonará mi acto. No puedo decir nada más». Horace Wells murió con solo 33 años, torturado por su propia humanidad.

El último de nuestros sanguinolentos protagonistas es el estadounidense George Robert Price (1922-1975), un químico de formación que fue cambiando de una profesión a otra como una veleta al viento. A pesar de su licenciatura, solo ejerció de profesor de Química durante dos años, en la Universidad de Harvard. Al poco, trabajó como investigador asociado en Medicina, hizo sus pinitos como periodista científico y ya entrada la segunda mitad de siglo publicó un par de excelentes artículos en *Science* criticando el ambiente pseudocientífico de la «investigación» extrasensorial.

Entre 1961 y 1967 IBM lo contrató como consultor en procesamiento de datos gráficos. Tras una pequeña batalla con un cáncer de tiroides, se fue a vivir a Reino Unido en la última etapa de su vida. En una biblioteca encontró los trabajos del importante biólogo William Donald Hamilton (hablaremos de él en otro capítulo) y comenzó a obsesionarse con la biología evolutiva. Trabajando aislado y en soledad desarrolló lo que se conoce como la «ecuación de Price» y sorprendió al mismísimo Hamilton. La idea de fondo es el conocido como «altruismo biológico», que consiste en preservar el material genético por encima de nosotros mismos. Mejoró las aportaciones de Hamilton y este le dio un despacho y una beca de investigación. Pero pronto su comportamiento comenzaría a ser extraño y preocupante. Su ecuación lo encaminó a pensar que el comportamiento altruista de los organismos no se regía por pura bondad, sino que era más que una forma de egoísmo para preservarse a uno mismo a través de los otros. ¿Qué ocurre con los humanos? Price se había divorciado en EE. UU. de su mujer y dejó dos hijas debido a su ateísmo, pues su consorte era una ferviente creyente y la relación no era satisfactoria. Sin embargo, en Reino Unido comenzó a pensar que en la Biblia estaba la respuesta al verdadero altruismo de forma oculta. Cayó en la cuenta de que podría lograrse este altruismo verdadero y convirtió su propia existencia en un experimento social para llevar a cabo su hipótesis. Era amable con los extraños y fue repartiendo su dinero entre las personas que lo necesitaban, hasta el punto de deshacerse absolutamente de todo. Pronto acabaría en la indigencia, durmiendo en la calle y sobreviviendo con el dinero que conseguía de limpiar una oficina, aunque consiguió instalarse en una casa okupa en Tolmer's Square.

El 6 de enero de 1975 Shmulik Atia llamó a la puerta de su compañero okupa y no recibió respuesta alguna, así que abrió él mismo. Se lo encontró sobre un charco de sangre. Se había cortado la arteria carótida. El propio Shmulik no sabía que estaba ante un científico de primer nivel que había enloquecido con un vesánico autoexperimento. Price tenía 52 años y dio su último suspiro agarrado con su mano derecha a unas tijeras de sastre.

SOGAS

La muerte autoinflingida por ahorcamiento ha sido una de las más populares en cualquier época de la historia. A pesar de ello no ha sido muy frecuente entre los científicos. Tal vez sea por la dificultad de su preparación (búsqueda de materiales y del lugar adecuado) o por el sufrimiento que se padece si la ejecución no está bien realizada. El colgamiento es muy efectivo si se hace desde una altura adecuada, el ejecutante sufre un paro cardíaco al fracturarse el cuello y la muerte es instantánea e indolora. Pero si la altura no es la correcta, el ahorcado morirá por asfixia con fuertes espasmos y un gran tormento. Aquí solo traemos dos científicos ahorcados, sin datos escabrosos sobre el tipo de ahorcamiento, lo que resta morbo y suma un grado de humanidad. Es cierto que no se trata de un final sangriento, pero no es nada agradable contemplar la escena de un ser humano colgado por el cuello.

Tal vez sea el caso de Ludwig Eduard Boltzmann (1844-1906), el más conocido de los científicos que se han suicidado. El apellido de este físico austríaco se lo encuentra inevitablemente entre sus apuntes cualquier estudiante universitario de ciencias. Durante gran parte de su vida realizó una lucha por demostrar la existencia real de los átomos. En su época los átomos eran tomados por los químicos como una abstracción que les permitía explicar muchas leyes, pero no como una entidad física real, y menos entre los físicos. En el verano de 1906 fue a pasar las vacaciones con su familia a Duino, una ciudad costera del Adriático. A estas alturas Boltzmann tenía a sus espaldas casi doscientas publicaciones y viajes por varios países para divulgar sus ideas científicas. Se cuenta que no podía soportar el rechazo que la comunidad científica ofrecía hacia el átomo, pero lo cierto es que estaba sufriendo pérdida de visión, muchos problemas de salud y un cansancio crónico que lo había apartado de la actividad docente. Da igual la causa, tal vez sea un conjunto de ellas la que le empujó a colgarse del techo en aquella ciudad el 5 de septiembre de 1906. Afortunadamente no trascendió demasiado a los medios en un nuevo curso que comenzaba, cuando tenía 62 años.

Boltzmann se quitó la vida en la preciosa ciudad italiana de Duino, justo antes de empezar el curso universitario.

El segundo caso es el del alemán Hans Berger (1873-1941) que comenzó estudios en Matemáticas con la idea de ser astrónomo. Pronto se dio cuenta que su vocación iba por otra parte. Acabó doctorándose en la Universidad de Jena, ciudad en la que trabajaría hasta el final de sus días como neurólogo. Durante un acontecimiento familiar comenzó a pensar en la posibilidad de la telepatía y se propuso demostrar que los cerebros tenían algún tipo de actividad eléctrica. Dejando la telepatía aparte, consiguió detectar las denominadas ondas alfa, también acuñadas como ondas Berger. Estas ondas no son ningún misterio extrasensorial, no es más que el resultado de la actividad sincronizada de las células cerebrales del tálamo, es decir, de las neuronas. La detección de estas ondas fue llevada a cabo por Berger al realizar el primer electroencefalograma (EEG) en humanos. Sus pruebas tuvieron lugar en torno a 1920 y al final de la década publicó sus primeras impresiones. Tras algunas discusiones académicas en el mundo editorial, la nueva técnica acabó siendo aceptada y tomó tal reconocimiento que antes de 1940 ya se usaba en hospitales de Estados Unidos, Inglaterra y Francia. A pesar de sus motivaciones seudocientíficas, el EEG se sigue usando en el siglo XXI y es una importante técnica de diagnóstico. Un Berger casi septuagenario entró en un periodo de depresión, unido a una infección grave de piel. Nunca salió de sus problemas y se acabó ahorcando en su propia clínica de Jena, a la edad de 68 años.

BALAS

El disparo es una de las técnicas de suicidio más rápidas, aunque un poco desagradable para el que encuentra el cuerpo. Es más común entre los hombres que entre las mujeres y bastante popular en países como Estados Unidos. En España no es un método muy extendido, debido principalmente a una mayor dificultad con el acceso a las armas de fuego. Traemos cuatro científicos que acabaron con su vida de este modo.

Se da la curiosa casualidad de que el científico del que vamos a hablar ahora fue alumno de Boltzmann. La historia del físico austríaco Paul Ehrenfest (1880-1933) es algo espeluznante y no sabríamos si llamarlo héroe o antihéroe. Sus aportaciones a la mecánica estadística y la mecánica cuántica han sido importantísimas y bien asimiladas por la comunidad científica. El teorema de Ehrenfest es de una importancia fundamental en física, pues sirve de conexión entre la física cuántica y la física clásica (newtoniana), reduciendo la primera a la segunda como un caso particular. Un resultado que debería enseñarse de forma divulgativa en los cursos de secundaria. Parece que Ehrenfest fue un profesor empeñado en ayudar a sus alumnos y hay varios testimonios que relatan que era una buena persona, algo que contrasta con su trágico final. El propio Einstein llegó a decir de él tras enterarse de su marcha:

«No solo es el mejor profesor en nuestra profesión que he conocido, sino que estaba apasionadamente preocupado con el desarrollo y el destino de los hombres, especialmente de sus alumnos».

Una depresión le hizo perder el norte y mostrar una cara desconocida. En 1931 ya estaba empezando a hablar y a preocupar a sus amigos con la posibilidad del suicidio. Dejó escrita una nota unos meses antes de quitarse la vida, dirigida a varios amigos, entre ellos a Bohr y Einstein. Pero nunca la entregó. En ella contaba que se le hacía insoportable la vida al ver que no podía seguir y comprender el ritmo de la física de su momento. Ehrenfest tenía mujer (matemática por cierto) y cuatro hijos. Uno de ellos, Wassik, tenía síndrome de Down, en un época en la que la sociedad no estaba adaptado a ellos. Wassik pasó su vida de hospital en hospital aprendiendo lo que podía. En 1933 y con la toma de poder de los nazis, se trasladó al hijo al Instituto Waterink para niños afligidos, en Ámsterdam. El 25 de septiembre del mismo año, Ehrenfest llegó a la sala de espera del instituto, pistola en mano. Pensaría que hacía lo mejor al tomar al joven Wassik y dispararle en la cabeza. Acto seguido el propio físico apuntó el arma hacia sí mismo. El chico no murió en el acto, perdió un ojo y sobrevivió unas horas. Ehrenfest falleció en la misma sala de espera, con 53 años.

También hay historias de amor, o de dependencia, que terminan con cerebros eyectados. El matemático y físico Aleksandr Mijáilovich Liapunov (1857-1918) es conocido por aquellos que han estudiado la teoría de la estabilidad, pues en ella se usan las llamadas funciones de Liapunov. Sin embargo, su implicación académica y la repercusión de su trabajo es de gran relevancia. Al final de su vida se quedó casi ciego debido a las cataratas y no pudo soportar la muerte de su mujer por tuberculosis. El mismo día que se produjo el deceso de su esposa se pega un tiro en la cabeza que no acabará con él hasta tres días después. Muere el 3 de noviembre de 1918 a los 61 años.

Si el amor arroja luz, más aún con la fotoquímica. Se trata del estudio de las transformaciones químicas provocadas o catalizadas por la luz. El químico alemán Theodor Grotthuss (1785-1822) es uno de los fundadores de esta disciplina química poco conocida. Grotthuss en concreto enunció en 1817 la primera ley de la fotoquímica o ley de Grotthuss-Draper: «La luz debe ser absorbida por una sustancia química para que se dé lugar a una reacción fotoquímica». Su nombre también está relacionado con el primer intento serio de explicar cómo se produce la conducción eléctrica en el agua. Estamos hablando del «mecanismo de Grotthuss», desarrollado en un libro publicado en 1805. Grotthus concibió la idea de un mecanismo cangilón (recipientes en una noria de agua), en el que átomos sucesivos de oxígeno se pasaban iones de hidrógeno. Incluso con sus grandes aportaciones, Grotthuss se sintió apartado de la comunidad científica en los últimos años de su vida, debido principalmente a que estaba quedando incapacitado por una enfermedad hereditaria del páncreas. Víctima por tanto de una severa depresión, se suicidó mediante un disparo a los 37 años.

La depresión suicida del francés Nicolas Leblanc (1742-1806) también fue por amor, pero por amor a la ciencia. Aunque es conocido por sus aportaciones a la química, estudió y ejerció como médico para ganarse el pan. Además, quiso obtener algo de dinero con la química.

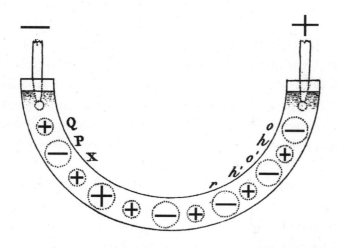

Fig. 1.

Mecanismo de Grotthuss para explicar la conducción eléctrica en el agua. Imagen aparecida en *Annales de Chimie* en 1806.

En Francia las emergentes industrias textil y de jabones necesitaban grandes cantidades de carbonato de calcio. Tan importante era el asunto que Luis XVI ofreció un premio de 12.000 francos a quien encontrara un procedimiento eficaz para su producción. Tras muchos intentos, consiguió obtener el que se conoce como «proceso de Leblanc». El procedimiento del francés seguía tres etapas: en la primera se hacía reaccionar sal común con ácido sulfúrico; en la segunda el sulfato sódico resultante se calcinaba con caliza y carbón; y por último se separaba el carbonato de calcio para aumentar la concentración. Una patente en 1791 le concedía todos los derechos durante quince años. El duque de Orleans le ofreció apoyo económico y construyó una fábrica que producía 250 kilogramos al día. Pero en plena revolución, los bienes del duque fueron confiscados y Leblanc se vio obligado a desvelar su procedimiento.

Nunca recibió la cantidad anunciada por Luis XVI, ni tampoco las cantidades prometidas cuando trabajó para el Gobierno en distintas ocasiones. Ya comenzado el siglo XIX intentó reabrir la fábrica, pero un rival científico se hizo con ella. Aunque ganó un juicio en la que se le debía pagar 52.473 francos, ya estaba completamente arruinado y sin posibilidad de levantar cabeza. Debía ser un héroe nacional, pues su proceso de obtención del carbonato de calcio estaba muy extendido y muchos franceses se lucraron con él. Su situación lo llevó a darse un tiro en la cabeza con la edad de 63 años. La posdata de la historia es que su proceso ha caído en desuso, pues hoy se tiene en cuenta otro procedimiento ideado por el belga Ernest Solvay, conocido por los congresos en los que unió a grandes científicos para la posteridad.

A modo solo de nota final, entre los suicidas por disparo de arma de fuego encontramos un caso poco habitual: el naturalista sueco Johan Peter Falk (1732-1774). Fue uno de los apóstoles de Linneo, es decir, un explorador que viajó para buscarle especímenes a su maestro. En una época en la que el principal problema eran las enfermedades, Falk acabó con su vida en la ciudad rusa de Kazán, con solo 41 años.

SALTOS

El salto al vacío es uno de los métodos de suicidio más empleados en España; de hecho, es el más popular entre mujeres. El problema del salto al vacío es que puede no salir bien. Si el ejecutante no cae de cabeza y desde baja altura, puede fracturarse la columna y sufrir enormes dolores. No es tan frecuente entre científicos. Aquí traemos tres casos, uno de ellos de un salto al agua.

Thomas Addison (1793-1860) fue un médico británico que aparece en los manuales de medicina por haber descubierto no una sino varias enfermedades, entre ellas la enfermedad de Addison (deficiencia hormonal debida a un daño en las glándulas suprarrenales) y la anemia perniciosa (problemas con la absorción de la vitamina B12). Ciertamente hizo mucho por la ciencia y el bien del ser humano, pero llegó un momento en que vio que no podía aportar mucho más. Una depresión grave le hizo abandonar las clases y acabar saltando al vacío desde una altura no muy grande (unos tres metros dicen), pero al caer de cabeza se fracturó la parte frontal del cráneo. Al menos murió en el acto, a los 67 años. Parece que el astrónomo estadounidense William Wallace Campbell (1862-1938) saltó desde más alto. No debe confundirse con William Campbell, el doble de Paul McCartney, que dicen que lo sustituyó cuando supuestamente murió en 1966 en un accidente de coche. Una leyenda urbana, sin duda, que solo sirve para pasar un rato divertido. Nuestro William Campbell fue un experto en espectrometría con una carrera profesional brillante, pero sin ningún resultado en investigación que lo haya catapultado a la fama. Ya entrado en la séptima década de su vida comenzó a perder la vista y apareció una afasia que le ocasionaba muchos problemas. Pensaba que era una carga para su familia y no podía vivir con esa idea, así que se lanzó desde un cuarto piso en San Francisco, cuando tenía 74 años.

El último de los saltos puede parecer incluso poético. El naturalista y geólogo francés Adolphe d´Archiac (1802-1868) fue un pionero al describir con treinta años las formaciones del Terciario y el Cretácico en Francia, Bélgica e Inglaterra, basándose en la distribución de los fósiles encontrados. Publicó varias obras científicas y tuvo un gran reconocimiento en su época, incluso llegó a ser miembro de la Academia de Ciencias de Francia. Pero nadie está libre de poder caer bajo el yugo de una depresión, así que el día de Nochebuena de 1968 se tiró al río Sena, por donde hoy navegan los barquitos con enamorados para ver las luces nocturnas de la Torre Eiffel. En ese momento tenía 66 años.

* * *

Perdóneme la cursilería, pero el final del vizconde d'Archiac me recuerda a la película *¡Qué bello es vivir!*, que incansablemente ponen en alguna cadena cada año en fechas navideñas, al menos es el recuerdo que tengo de mi infancia. James Stewart en el personaje de George Bailey está a punto de suicidarse debido a una importante pérdida de dinero de su banco. El intento de suicidio consistía en arrojarse a un río, aunque en este caso no era el Sena. En un acto de buenismo peliculero aparece un ángel que le muestra cómo ha sido su vida y lo convence de que su decisión no es la más correcta. Así que volvemos al punto de inicio y se va a abrazar a toda su familia. Cursilerías aparte, muchos casos de suicidio pueden evitarse con la ayuda adecuada y siempre que la persona quiera realmente ser atendida. No entra aquí el que ha tomado firmemente la decisión y que no es fruto de un momento de enajenación mental. En estos casos, tan malo es condenar a muerte como condenar a vivir. No podemos valorar a una persona por este tipo de decisiones, porque nunca habrá consenso: lo que para unos es un acto de cobardía, para otros es una acción valerosa. Lo que sí viene es una pregunta: ¿cuántos de los casos de científicos suicidas se podrían haber evitado? Es más, ¿en qué casos habríamos tenido derecho a intentar evitarlos? No es por amor a la muerte ni por odio a la vida. Hay personas que pierden la motivación por vivir. Incluso hay quienes dan gracias a la vida, como Violeta Parra, en una hermosa canción de despedida muy poco tiempo antes de su disparo fatal:

Gracias a la vida, que me ha dado tanto.
Me dio dos luceros que, cuando los abro,
perfecto distingo lo negro del blanco.
Y en el alto cielo, su fondo estrellado,
y en las multitudes, el hombre que yo amo.
Gracias a la vida, que me ha dado tanto.
Me ha dado el sonido y el abecedario.
Con él las palabras que pienso y declaro:
madre, amigo, hermano y luz, alumbrando
la ruta del alma del que estoy amando.
Gracias a la vida, que me ha dado tanto.
Me ha dado la marcha de mis pies cansados.
Con ellos anduve ciudades y charcos,
playas y desiertos, montañas y llanos,
y la casa tuya, tu calle y tu patio.

VIVIENDO CON EL PELIGRO

Las danzas polovtsianas es la parte más conocida de la opera *El príncipe Ígor*, de Aleksandr Borodín. El libreto también pertenece al compositor y trata la epopeya medieval rusa del príncipe Ígor Sviatoslávich en su lucha contra los mongoles. Hay algo de macabro en esta ópera y es que Borodín no pudo terminarla, fallecería cuando estaba componiéndola. La obra merecía la pena, así que la culminaron dos compositores de gran talento: Nikolái Rimski-Kórsakov y Aleksandr Glazunov. El resultado fue magistral y tristemente poco conocido en el acervo popular. Al menos las danzas forman parte de anuncios, películas y otros tipos de medios por lo que les será familiar. Es un buen momento para buscar las danzas y ponerlas de fondo mientras se lee esta última parte del capítulo.

En esta pequeña sección traemos tres muertes algo macabras. No sabe uno bien dónde colocarlas. Espero no faltar al respeto a estos forjadores de la ciencia al incluirlas en un capítulo de suicidios. Y es que hay que ser honestos con estas historias en las que se deja ver cierto comportamiento suicida. Una zoóloga, un explorador y un matemático un poco particulares.

LOS ÁNGELES DE LEAKEY

Louis Leakey fue un paleoantropólogo que entendió la necesidad de conocer a los grandes simios en su propio hábitat. Consiguió enviar a tres científicas a estudiarlos: Jane Goodall con los chimpancés de Tanzania, Dian Fossey con los gorilas de Ruanda y Birutė Galdikas con los orangutanes de Indonesia. Según Goodall, Leakey prefería mujeres para la observación del comportamiento de los simios porque estas son más pacientes y están acostumbradas a ser madres a lo largo de la historia. Estas tres mujeres son las llamadas «ángeles de Leakey» y sufrieron grandes penalidades, pero solo una tuvo un final violento y sangriento.

Los gorilas de las montañas de Ruanda y el Congo existen gracias a la estadounidense Dian Fossey (1932-1985). Quería ser veterinaria pero no aprobó el examen inicial de Ciencias, así que estudió Terapia Ocupacional y se especializó en Educación Especial. En 1960 leyó un texto del especialista en gorilas de montaña George B. Schaller. Fossey quedó alarmada al ver que solo quedaban 500 ejemplares vivos de esta especie y todos ellos en peligro de muerte por los cazadores furtivos locales que seguían buscándolos. Tres años después consiguió ahorrar dinero y viajó a África, donde conoció al ya nombrado Louis Leakey. El especialista quedó tan fascinado con su entusiasmo que la contrató. Lo que nunca supo es que ella había falseado su currículum.

En 1967 estableció su campamento en el Congo, pero pronto tuvo que mudarse a Ruanda debido a la guerra civil. El objetivo de la zoóloga era tan solo realizar un censo de los gorilas de montaña (*Gorilla beringei*), pero pronto comenzó a interactuar con ellos. Su formación académica le proporcionó útiles herramientas gestuales que comenzó a usar de inmediato con aquellos animales. Ella lo vio fácil: tan solo había que imitar el comportamiento de estos grandes simios. En su estrategia tenía claro que debían ser los gorilas los que estableciesen el momento y el punto de contacto, así que pasó muchas horas de observación sin hacer absolutamente nada. Hizo un recuento de 220 gorilas y consiguió doctorarse en Zoología por la Universidad de Cambridge.

En poco tiempo comenzó a colaborar con *National Geographic* y en 1968 se le envió un fotógrafo que inmortalizó su vida. Se trata de Bob Campbell, quien estuvo un año sin escolarizar por un brote de malaria, lo cual le enseñó a estar solo durante mucho tiempo. Aun así, no fue una experiencia fácil estar al lado de aquella mujer llena de fuerza y coraje. Campbell llegó con gran curiosidad para saber qué tipo de mujer estaba dispuesta a aislarse en aquellas montañas tan lejanas. «Nadie se podía imaginar que algún día veríamos a un ser humano viviendo así, entre los gorilas», dijo Campbell después de su muerte.

En enero de 1970 consiguieron ser portada en *National Geographic*, un empujón importante para el trabajo de Fossey y la profesionalidad de Cambpell. La fama estaba bien, pero ella no solo buscaba salir en la portada de una revista. Como cualquier persona, tenía sus emociones. A partir de aquí se dio cuenta de que Campbell no era un simple fotógrafo: se convirtió en su asistente y, más adelante, en su amante. El acercamiento entre Bob y Dian se tradujo en una mejor relación del fotógrafo con los gorilas y, por ende, mejores fotografías. Los individuos que iba conociendo recibían nombres que ponían entre los dos. Fossey llego a tener una especial relación con un macho al que llamó Digit. Entre tanto, ya había tenido varios encontronazos con los cazadores furtivos. Tuvo el valor de aprovechar los miedos y las supersticiones de los ruandeses: se ponía máscaras de Halloween y los asustaba.

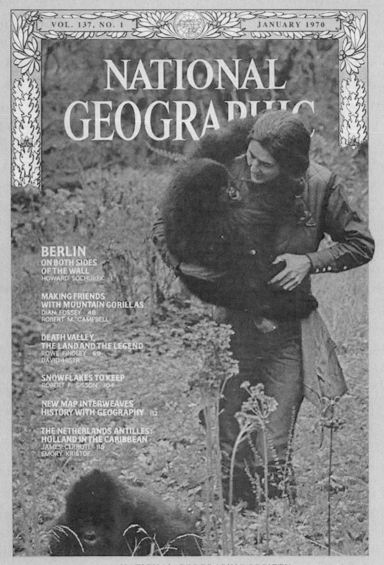

OFFICIAL JOURNAL OF THE NATIONAL GEOGRAPHIC SOCIETY WASHINGTON, D.C.

Portada de *National Geographic* de enero de 1970,
con Dian Fossey y sus gorilas de montaña.

Tras unas vacaciones, Campbell fue requerido por Leakey para otra expedición. Fossey no se lo tomó bien, pero el fotógrafo tenía mujer y casa en Kenia, situación que ella conocía. Antes de marcharse, consiguió grabar las primeras imágenes de un ser humano interactuando realmente con un gorila salvaje de montaña. Dian y Digit llegaron a tener contacto físico. Fue el primer vídeo de este tipo, pero también el último realizado por Campbell. Durante los cinco años siguientes la tensión de Dian con los furtivos fue empeorando, hasta el punto en que Digit apareció decapitado por los cazadores en 1977. Le cortaron también las manos. Bob siempre pensó que se había tratado de una venganza personal contra la persona de Dian. La furia se apoderó de ella y decidió empeorar una guerra contra los furtivos. Les plantó cara, los amenazó y los denunció a las autoridades. El Gobierno ruandés acabó amenazándola con cerrar su investigación. En 1985 acabó sola. Según algunos tuvo un comportamiento de excesiva dureza con todo el que tenía alrededor. La noche del 26 de diciembre de 1985 alguien entró en su cabaña y la asesinó a sangre fría. Su cuerpo fue hallado al día siguiente, con la cabeza dividida en dos por un machete. Nunca se sabrá quién acabó realmente con su vida, hay varias hipótesis. Murió con 53 años, como heroína de los gorilas de montaña. En la última entrada de su diario, Fossey dejó escrito:

«Cuando te das cuenta del valor de la vida, uno se preocupa menos por discutir sobre el pasado y se concentra más en la conservación para el futuro».

La realidad es que, de los tres ángeles de Leakey, fue Dian quien lo tuvo peor, con los furtivos y el frío de la montaña. «Me alegro de que me hayan tocado los chimpancés y a ella los gorilas», dijo Goodall en una entrevista para el documental *Gorilas en la niebla, las imágenes perdidas de Dian Fossey*. Es muy posible que el lector conozca esta película, basada en un libro homónomo de Fossey. Se trata de un trabajo precioso, bastante fiel a la realidad. No exagero cuando digo que se me pone la piel de gallina cuando recuerdo la extraordinaria interpretación de Sigourney Weaver en el papel de Dian Fossey. Hágase un favor y búsquela con urgencia, y si ya la ha visto, hágalo de nuevo. Hay más humanidad en esos gorilas que en muchos humanos que conocemos.

EL CAPITÁN QUE SE ZAMPÓ UN PEZ GLOBO

Los que fuimos niños en los años ochenta queríamos convertirnosenastronautasdeunodeaquellostransbordadores espaciales de la NASA que parecían aviones del futuro. En el olímpico e hispanoamericano año 1992 se lanzó por primera vez el transbordador Endeavour y, después de cogerle cariño, se jubiló rozando los 20 años. Este transbordador debía su nombre a la mítica embarcación *HM Bark Endeavour*, bajo el mando del explorador británico James Cook (1728-1779).

Réplica del HMS Endeavour. Fuente: John
M Wheatley/WikimediaCommons.

El *Endeavour* era un *collier* (barco carbonero) reciclado que sirvió para la primera de las tres exploraciones del capitán Cook, que duraría tres años. En este viaje había dos objetivos principales: estudiar el tránsito de Venus por el Sol en el océano Pacífico y buscar indicios de la mítica *Terra Australis*. Se eligió Tahití como lugar para la observación del tránsito de Venus. Los datos fueron registrados independientemente por Charles Green, el astrónomo de la expedición (1734-1771), Daniel Solander (el botánico de la expedición y uno de los apóstoles de Lineo) y por el propio Cook. Los resultados no eran demasiado congruentes entre ellos. Para colmo, en el viaje de regreso Green murió con 36 años de disentería, cuando pasaba por Batavia.

Una vez terminada esta primera expedición, Cook publicó sus cuadernos de viaje y fue ascendido en su posición, de lugarteniente a comandante. Tras un muy corto periodo sobre tierra firme, se le encargó comandar la nave HMS Resolution, en una expedición (erre que erre) para buscar *Terra Australis*. A la vuelta intentó desterrar el mito sobre su existencia. Otros meses sin agua en los pies y ya en el tercer viaje llegó a ser capitán, de nuevo con el segundo navío. Pero ahora las cosas se complicarían. En el tercer viaje se convirtió en el primer «turista» europeo por las islas Hawái. Así que, si va de vacaciones por allí, recuerde que el pionero fue un capitán intrépido del siglo XVIII, sin todo incluido en un hotel de Honolulú, pero sí luchando contra el escorbuto, la disentería y la malaria. Cook llamó a Hawái «islas Sándwich», «islas Emparedado» en español, y no es ningún chiste. No lo es porque la denominación la hizo en honor del conde de Sandwich, John Montagnu, quien reclamó la invención del bocadillo que lleva hoy su nombre: el sándwich. En las islas Emparedado se encontró una población indígena muy afable, pues confundieron al capitán con un dios. En uno de los regresos, los lugareños se dieron cuenta de que los estaban tomando tal vez por tontos, así que comenzó a subir la tensión. En la bahía Kealakekua los hawaianos le robaron un bote a Cook y este no tuvo mejor idea que tomar como rehén al rey de Hawái. A partir de ahí todo fue a peor: los hombres de Cook respondieron con violencia al enfado de los hawaianos, tiros, indígenas muertos, etc.

La muerte de James Cook.

Finalmente, James Cook, que había llegado como un dios, fue apuñalado en la playa a los 50 años y con muchos mares por surcar. Lo extraño es que no muriese antes, pues parece ser que fue uno de los primeros europeos en probar el fugu, un pez altamente venenoso que solo pueden preparar manos expertas. Vamos, el pez globo japonés de toda la vida y que parece la versión pisciforme de Peter Griffin. Le dieron a probar el manjar y solo después le dijeron que era venenoso, suponemos que cuando la hostilidad aún no había comenzado.

* * *

Encuentro particularmente macabra la muerte del matemático francés Évariste Galois (1811-1832). Como algo atípico en su época, Golois fue educado por su madre y su hermana, aunque solo se tiene constancia de que trabajó con los clásicos latinos y griegos. A los 12 años comenzó su educación académica y tendría su primer contacto con las matemáticas. No superó su examen de ingreso en la *École Polytechnique*, pues lo hizo con menos edad de la normal y no tenía los conocimientos suficientes. Pocos días antes del segundo intento, su padre acabó con su vida y un Galois rebelde se negó a justificar todas sus respuestas en la prueba. Fue rechazado definitivamente y decidió probar suerte con la *École Normale*, donde fue admitido sin problemas. Por entonces envió sus trabajos a Cauchy. Este se los mandó a Fourier y murió poco después. Los papeles se traspapelaron y Galois apeló a una campaña de descrédito contra él. Un joven con futuro de polemista, sin duda.

Sin embargo, en esa época y con 18 años ya había conseguido publicar tres artículos en el *Bulletin des sciences mathématiques, astronomiques, physiques et chimiques*. La rebeldía de Galois no solo manchaba sus exámenes y sus relaciones con las academias, también se metió en problemas políticos que acabaron suponiendo su expulsión de la *École Normale*. Estuvo dos veces arrestado por sedición por un total de nueve meses. Estando en prisión recibió el rechazo de la Academia de Ciencias sobre uno de sus trabajos; se presume que la razón no era otra que no comprendieron su talento. Tras salir de la cárcel, solo le quedaba un mes de vida. Nunca se sabrá si el problema fue un lío de faldas, pero se vio envuelto en un duelo. Tras todos sus fracasos editoriales y académicos quiso morir con la cabeza muy alta. Y es que estaba convencido de que el duelo iba a suponer su muerte. Normal, se había batido contra el campeón de esgrima del Ejército francés que, aunque el duelo era a pistola, algo sabría de armas de fuego. «Manolete, Manolete, si no sabes torear, ¿pa' qué te metes?».

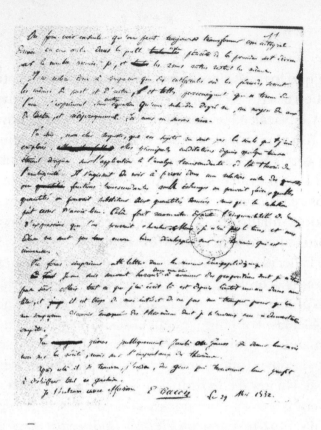

Carta de Galois a su amigo Auguste Chevalier, fechada
el 29 de mayo de 1832, dos días antes su muerte.

La noche antes del duelo no durmió, la pasó escribiendo
cartas a amigos y a la academia con su testamento matemático, lo que hoy constituye la teoría de grupos, una joya científica que ha pasado a la historia de la ciencia. No murió en
el acto, se murió al día siguiente, posiblemente por una peritonitis. Las últimas palabras que dijo fueron:

«¡No llores! Necesito todo mi coraje para morir a los veinte
años». Es difícil clasificar a este joven inadaptado. No sabemos bien si fue un héroe de la ciencia o si buscó durante su
corta vida una muerte torera.

***

Parece que los tres científicos con muerte macabra tuvieron algo que ver con su propia muerte, de alguna manera tentaron a la suerte. Por contra, el compositor Borodín no la buscó. A todo esto, el creador de *El príncipe Ígor* no se ganó el pan como músico. Fue químico, y no un químico cualquiera. Logró grabar su nombre en la historia de la ciencia con dos reacciones químicas: la reacción aldólica y la reacción Borodin-Hunsdiecker. Si su última ópera tiene algo de macabro, su muerte cabalga entre lo romántico y la mala suerte. Falleció mientras participaba en un baile de la academia de San Petesburgo, a los 53 años.

PARA SABER MÁS

- Redacción, *Falleció ayer en Utica el doctor José Pablo Leyva*, «El Tiempo», Colombia, 8 de agosto de 1962.

- Hall, S. S., *Lethal Chemistry at Harvard*, «New York Times», 29 de noviembre de 1998.

- He, F.; Bo, Y.; Altom, J. D.; Corey, E. J. J., *Enantioselective Total Synthesis of Aspidophytine*, American Chemical Society, 121(28), 6771–6772, 1999.

- Torregrosa, D., *Gilbert Lewis: 35 nominaciones al Premio Nobel*, Blog «Ese punto azul pálido», 2011.

- Copeland, B. J. (2013), *Alan Turing*, Turner.

- Simoni, R. D.; Hill, R. L.; Vaughan, M., *The Use of Isotope Tracers to Study Intermediary Metabolism: Rudolf Schoenheimer*, «The Journal of Biological Chemistry», 277(43): e1-e3, 2002.

- Richardson, G. M., *Obituary (for Viktor Meyer)*, «Journal of the American Chemical Society», 19 (11): 918–921, 1897.

- Fischer E., *Einfluss der Configuration auf die Wirkung der Enzyme*,

«Berichte der deutschen chemischen Gesellschaft», 27: 2985-2993, 1894.

- Lee, S. (1892). *Lefevre, George William*, «Dictionary of National Biography 32».

- Editorial, *Adam Czerniakow and His Diary*, web «Holocaust Research Project»

- Lichten, J. L., *Adam Czerniakow and His Times*, «The Polish Review», 29(1-2): 71–89, 1984.

- Tissandier, G., *La navigation aérienne*, «L'Aviation et la direction des aérostats dans les temps anciens et modernes», 1886.

- Agencia, *El Nobel de Medicina Christian De Duve elige la eutanasia para morir*, «El País», 6 de mayo de 2013.

- Gellene, D., *Christian de Duve, 95, Dies; Nobel-Winning Biochemist*, «The New York Times», 6 de mayo de 2013.

- del Pino, Javier, *Harvard lucha contra los suicidios*, «El País», 24 de octubre de 1998.

- Janin, C. (2009), *Diccionario del suicidio*, Laetoli.

- Redacción, *La misteriosa muerte que no deja en paz a Reino Unido*, «BBC», 20 de julio de 2013.

- Redacción, *Timeline: Dr David Kelly*, «The Guardian», 18 julio de 2003.

- Taylor, M., *David Kelly postmortem reveals injuries were self-inflicted*, «The Guardian», 22 de octubre de 2010.

- Berger, H., *Über das Elektrenkephalogramm des Menschen*, «Archiv für Psychiatrie und Nervenkrankheiten», 87(1): 527-570, 1929.

- Jaselskis, B.; Moore, C. E.; Smolinsk, A., Theodor von Grotthuss (1785-1822), A trail blazer, Bulletin for the History of Chemistry, 32(2):119-128, 2007.

- Cukierman, S., *Et tu Grotthuss!*, «Biochimica et Biophysica Acta (BBA) - Bioenergetic», 1757(8): 876-8, 2006.

- Halpern, P., *The Tragic Fate of Physicist Paul Ehrenfest*, web «Medium», 10 de febrero de 2015.

- Finder, S.G., *Lessons from history: Horace Wells and the moral features of clinical contexts*, «Anesthesia Progress», 42(1): 3-4, 1995.

- Haridas, R, *Horace Wells' Demonstration of Nitrous Oxide in Boston*, «Anesthesiology», 119(5): 1014-1022, 2013.

- Editorial, *Suicide of Dr. Horace Wells, of Hartford, Connecticut, U.S.*, «Providence Medical and Surgical Journal», 12(11): 305-306, 31 de mayo de 1848.

- Price, G.R., *Science and the supernatural*, «Science», 122(3165): 359-367, 1955.

- Price, G.R., *Where is the definitive experiment?*, «Science», 123(3184): 17-18, 1956.

- Price, G.R., Selection and covariance, «Nature», 227(5257): 520-521, 1970.

- Rodríguez, L., *El científico indigente que murió por investigar los orígenes de la bondad*, web «PlayGround», 29 de mayo de 2015.

- Grotthuss, T. (1805), Memoir on the decomposition of water and of the bodies that it holds in solution by means of galvanic electricity, «Biochimica et Biophysica Acta (BBA) – Bioenergetic», 1757(8): 871-875, 2006.

- Aitken, R. G., *William Wallace Campbell, 1862-1938*, «Publications of the Astronomical Society of the Pacific», 50: 204, 1938.

- Romito, E., *Il sogno spezzato. La vicenda di Enrica Calabresi*, «Storia Memoria, conferencia dada el día 26 de enero de 2009 en Faenza.

- Redacción, *Dian Fossey, acuchillada en la niebla*, «La voz de Galicia», 16 de enero de 2014.

- *Gorilas en la niebla. Las imágenes perdidas de Dian Fossey*, Documental de National Geographic.

- Orchiston, W. (2004), *James Cook's 1769 transit of Venus expedition to Tahiti*, International Astronomical Union, Actas.

- Bogdanov, K. (1989), *El físico visita al biólogo*, Mir.

- Gratzer, W. (2004), *Eurekas y euforias*, Crítica.

CAPÍTULO 4

El entomólogo que murió leyendo un WhatsApp del siglo XIX y otras historias de científicos con mala pata

La camarera y enfermera Violet Jessop sobrevivió a tres naufragios: Titanic, Olympic y Britannic. Cuando era adolescente padeció tuberculosis y le dieron pocos meses de vida. Finalmente llegó a los 83 años. La historia del japonés Tsutomu Yamaguchi es aun más sorprendente: sobrevivió a las dos bombas nucleares que se arrojaron en Japón en 1945. Recibió la de Hiroshima a tres kilómetros. Con heridas volvió a su ciudad natal, Nagasaki, y sobrevivió el desastre a la misma distancia. En el año 2009 su historia fue reconocida por el Gobierno japonés como el único *hibakusha* (superviviente de una bomba nuclear) de los dos ataques y llegó a los 93 años (murió en 2010). Parece que en ambos casos estas personas han tenido mala suerte en sus vidas, ¿verdad? Donde algunos ven mala suerte, otros la ven buena. Tanto

Violet como Tsutomu salvaron la vida y contaron sus vivencias como una segunda oportunidad que se le presentaba. Personalmente la mala suerte la vería si te ahogas en el primer naufragio o si te achicharras con la primera bomba. Esta idea que defiendo queda muy clara con el relato «El hombre más afortunado del mundo entre los desafortunados», el profesor de Música Frane Selak. Este croata *gatuno* ha escapado de la muerte hasta en siete ocasiones: el tren en el que viajaba descarriló hacia un río; se cayó desde la puerta de un aeroplano; el autobús en el que iba se salió de la carretera y se precipitó a un río; se le incendió el coche y posteriormente explotó; se vio rodeado por las llamas en otro incidente con su coche; le atropelló un autobús; y se salió de la carretera con su vehículo, que cayó por un desnivel de 90 metros —él pudo salirse a tiempo—. No, esto no es mala suerte, mala suerte tienen todos los que viajan cerca de Selak. El músico croata es un caso de buena suerte, incluso le tocó la lotería en 2003. «El último escalón de la mala suerte es el primero de la buena», decía el escritor italiano Carlo Dossi. En este capítulo sí que vamos a hablar de mala suerte. Se trata de científicos que se vieron envueltos en algún tipo de accidente del que no salieron vivos. Es el caso de Félix Rodríguez de la Fuente, ya citado en la introducción. Ahogamientos, naufragios, accidentes de coche, trenes, tranvías, aviones, bicicletas y todo tipo de caídas. Un tropel de bromas del destino que se llevaron a personas con un futuro prometedor.

MONÓXIDO DE DIHIDRÓGENO: ESA MOLÉCULA ASESINA

El monóxido de dihidrógeno es una molécula que tiene unos devastadores efectos en nuestro débil organismo. Puede ser artificialmente sintetizado mediante las reacciones químicas ocurridas en la combustión de un cohete. Una sobredosis podría causar una sudoración excesiva, una sobrecarga para los riñones e incluso la muerte. Según las estadísticas, el cien por cien de los asesinos, violadores y todo tipo de malhechores han reconocido consumir monóxido de dihidrógeno en alguna de sus formas, aunque sea para disolver lúpulo y malta. Aunque no lo crea, el monóxido de dihidrógeno es uno de los ingredientes de herbicidas y pesticidas. Durante toda la historia de la humanidad se ha comprobado que ninguna de las personas expuestas a esta molécula ha sobrevivido. Y aunque parezca trágico, el monóxido de dihidrógeno es la principal causa de ahogamiento. Posiblemente habrá acertado al pensar que estamos hablando del agua, en clave de humor, una molécula indispensable para la vida pero que también puede provocar la muerte. En este apartado del libro vamos a hablar de algo más de diez científicos y científicas que fallecieron por causa del agua, separados en tres grupos: ahogamientos propiamente dichos, accidentes de buceo y naufragios.

EL NOBEL DE FÍSICA QUE MURIÓ ASFIXIADO POR NO SEGUIR LAS NORMAS

Es poco habitual a mediados del siglo XX encontrarse con una mujer que destacase en ciencias de la computación y que además se casara en cuatro ocasiones. Esta motivadora científica fue la estadounidense Klara Dan (1911-1963), más conocida como Klara Dan von Neumann. Fue recordada por todos como una trabajadora incansable y eficaz. Sin duda, una mujer adelantada a su tiempo, que ya con 14 años destacó al hacerse con el campeonato nacional de patinaje artístico en Alemania. Tal vez por el segundo apellido sea fácil acertar que estuvo casada con el conocido científico John von Neumann, de origen austrohúngaro y nacionalizado posteriormente estadounidense. Ella tenía la apreciación de que la tenían bien considerada por ser la mujer de von Neumann, pero la realidad es que se forjó un prestigio por sí misma. El de John fue el tercer matrimonio de Klara, entre 1938 y 1957. En ese tiempo se convirtió en la persona que escribió el código usado por la computadora MANIAC I. Tras la muerte de John se casó con el físico Carl Henry Eckart y se trasladó con él a La Jolla, un barrio de la costera ciudad de San Diego, en California, con unas preciosas playas que miran al océano Pacífico. Tres años después tendría allí como vecina nada menos que a la física Maria Goeppert-Mayer, que fue galardonada con el Premio Nobel de Física junto a Johannes Hans Daniel Jensen y Eugene Paul Wigner «por sus descubrimientos sobre la estructura de capas nuclear» y una de las introductoras del concepto de «número mágico» para el núcleo atómico. Tras la ceremonia de la entrega del Nobel (Mayer fue la segunda mujer galardonada con el de Física) hubo una ceremonia a la que Klara Dan asistió. Tras la ceremonia apareció inexplicablemente ahogada en la playa cercana a su casa. La policía catalogó la muerte como suicidio, aunque han pasado los años y no se demostrado que Klara decidiera acabar con su vida voluntariamente, con tan solo 52 años.

Quien murió con toda certeza mientras nadaba en las costas de Bretaña (Francia) fue el ruso Pável Uryson (1898-1924). Comenzó estudiando Física, pero no le atrajo del todo y se pasó a las Matemáticas. No tuvo demasiado tiempo de atesorar un gran legado, pero al menos su apellido se ha quedado grabado en el lema de Urysohn en el contexto de la topología. Y es que tampoco tuvo mucho más tiempo, pues sus pulmones se llenaron de agua durante unas vacaciones, cuando solo tenía 26 años.

También estaba más o menos de vacaciones el médico colombiano José Pablo Leyva Urdaneta (1911-1962) cuando perdió la vida. Leyva fue el primer cirujano de tórax de Colombia, por lo que su muerte fue bastante mediática. Acudió a la ciudad de Útica, en el departamento colombiano de Cundinamarca, para atender a un paciente. Tras el almuerzo quiso tomar un descanso, que no unas vacaciones, y se bañó en una piscina de la localidad. Allí sufrió una congestión cerebral y murió ahogado. Tenía 51 años.

Dra. Maria Goeppert-Mayer.

Aunque algunos piensen que los canales de Ámsterdam también son una piscina, la verdad es que tienen sus peligros. La Venecia del norte es una ciudad embriagadora, pero lo cortés no quita lo valiente y allí mueren ahogadas unas 18 personas al año. Muchos son vecinos o turistas que se dejan llevar por el alcohol y las drogas. También hay ahogados sobrios que han tenido mala suerte. Eso fue lo que le pasó al malogrado padre de la ictiología, el sueco Peter Artedi (1705-1735). Fue convocado por el rico zoólogo holandés Albertus Seba para que lo ayudara a catalogar su importante colección. El propio Carlos Linneo, amigo de ambos, rechazó participar. Y este fue su final: Artedi cayó accidentalmente a uno de los canales y perdió la vida ahogado en aquellas aguas. Afortunadamente Linneo cumplió con su palabra y publicó sus obras *Bibliotheca Ichthyologica* y *Philosophia Ichthyologica*, junto con la vida del autor, en 1738. El mismo año en que Artedi moría, Linneo publicó la obra que daría comienzo a su propuesta taxonómica: *Systema naturae* (1735). Una ironía que Artedi se llevase una vida entera rodeado de peces y que entre peces conociera la muerte, cuando solo tenía 30 años.

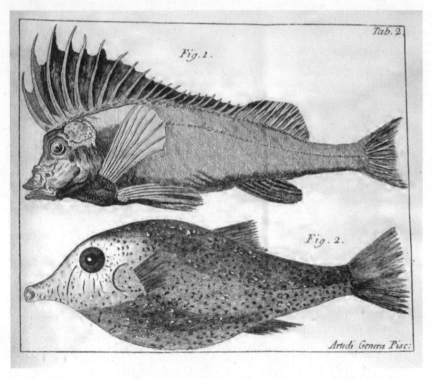

Página del libro *Bibliotheca et philosophia ichthyologica* (1788), de Artedi, el ictiólogo que murió entre peces.

Ser botánico es un factor de riesgo para morir de determinadas maneras. Una de ellas es el ahogamiento, como le ocurrió al naturalista alemán Friedrich Sellow (1789-1831). A Friedrich le venía de familia el amor por las plantas, pues aprendió de su padre Carl Juluis Samuel Sellow el oficio de jardinero. A partir de aquí fue un no parar de barco para arriba y para abajo por Sudamérica, tras haber viajado por gran parte de Europa. Entre muchas de sus empresas, fue el primero en acometer una verdadera exploración de la flora brasileña. Allí encontraría la muerte el 31 de octubre de 1831, ahogado en el río Doce con solo 42 años.

No todos los botánicos que se ahogan lo hacen en acto de servicio. El japonés Yatable Ryokichi (1851-1899) fue profesor de Botánica de la Universidad de Tokio y murió ahogado mientras nadaba por placer en las playas de Kamakura, una ciudad famosa por sus templos en la bahía de Sagami. Como en una maldición de botánicos ahogados que no llegan a los cincuenta, Ryokicki tenía 47 años en el momento de su deceso.

Quien no pudo ir al Congreso Científico del Pacífico de Tokio de 1966 fue el estadounidense especialista en algas Elmer Yale Dawson (1918-1966), a pesar de que lo tenía apuntado en su lista de viajes. En una estancia en Egipto recolectó algunas algas, junto a su hija menor, Renee. Casi a la vuelta de una de sus inmersiones de buceo en el mar Rojo murió ahogado. Fue el 22 de junio de 1966, cuando tenía 48 años. La causa de la muerte: el agotamiento. No es una causa habitual la muerte por ahogamiento o asfixia en el ejercicio del buceo, si todo se hace bien y se siguen los protocolos establecidos. El físico estadounidense Henry Way Kendall (1926-1999) bien podría haber muerto por su edad, pero la imprudencia le pasaría factura. En 1990 recibió el premio Nobel de Física «por sus investigaciones pioneras sobre la dispersión profundamente inelástica de electrones sobre protones y neutrones asociados, las cuales han sido de esencial importancia para el desarrollo del modelo

Henry Kendall, ganador del Premio Nobel, en la cima
de Lower Brother en el valle de Yosemite. La fotografía
fue tomada por el escalador y fotógrafo Tom Frost.

de quarks en física de partículas», compartido con Jerome Isaac Friedman y Richard Edward Taylor. En otras palabras, gracias al trabajo de estos tres físicos y de otros muchos sabemos que los protones y los neutrones en realidad son partículas compuestas por tres quarks. Pero Kendall no solo disfrutaba con partículas que no se ven a simple vista, era un consumado escalador y un fotógrafo extraordinario. Formó parte de un proyecto fotográfico en el parque estatal Edward Ball Wakulla Springs, en Florida. Su cometido consistía en bucear por dentro de una cueva y realizar algunas tomas. Pero pasó por alto la lista de comprobación de la preinmersión, una tarea necesaria y vital para cualquier buceador. Una vez en el agua y sin esperar al compañero, se quedó sin oxígeno, por lo que murió por asfixia. Tenía 72 años.

LOS BUSCADORES DE ESPECÍMENES QUE HICIERON AGUAS

Otro físico que murió con agua de por medio fue el francés Charles-Eugène Delaunay (1816-1872). Aunque fue matemático de formación, sus estudios dinámicos de la Luna fueron una gran contribución para la teoría del movimiento planetario. Como cualquier hijo de vecino, necesitaba vacaciones, así que se fue con un sobrino a la costa de Normandía. Desde allí enviarían un telegrama a París informando de que una pequeña embarcación había volcado y de que entre los cuatro fallecidos se encontraba el director del Observatorio de París. En los círculos científicos la muerte de Delaunay se calificó como «un triste episodio en la historia de la astronomía». Delaunay tenía 56 años.

También hay lugar para ingenieros en este libro, pues el caso del estadounidense Frederick Stark Pearson (1861-1915) es del todo curioso. Pearson fue un ingeniero eléctrico que tuvo gran reputación en el ámbito de la producción de energía eléctrica y de los ferrocarriles en Estados Unidos. Desde joven se convirtió en consultor de muchos gobiernos para proyectos relacionados con estaciones de generación de electricidad. Llegó a ser un gran hombre de negocios y constituyó varias empresas en Brasil, México y Canadá. Entre los años 1911 y 1913 Pearson formó parte, junto a Emili Montañés Criquillon, de la creación de *Barcelona Traction, Light and Power Company*, una empresa que explotaría una central hidroeléctrica en el Ebro. Con el tiempo esta empresa se conocería como «La Canadiense» y sería la más importante del gremio en España.

Imagen de una acción de «La Canidiense», empresa eléctrica fundada por el tristemente torpedeado Frederick Stark Pearson.

Debido a su profesión, Pearson tuvo que realizar grandes viajes, el último a bordo del RMS Lusitania, que zarpó el 1 de mayo de 1915 del puerto de Nueva York hacia el Atlántico. El 7 de mayo se acercó a aguas irlandesas, apenas a 10 millas de la costa, donde fue identificado y torpedeado por el submarino alemán U-20. Se hundió en menos de veinte minutos y murieron casi 2.000 personas. Entre las bajas estaba Pearson junto a su esposa. Moría con 53 años y con una riqueza que no le sirvió de bote salvavidas.

El botánico estadounidense Hardy Bryan Croom (1797-1837) también tuvo problemas con una embarcación de pasajeros. Croom, su esposa Frances y tres hijos de 15, 10 y 7 años tomaron el vapor Home que les llevaría de Nueva York a Charleston. Un huracán provocó mar bravío en una zona por la que pasó la embarcación y se hizo imposible la evacuación del agua que entraba. El capitán ordenó que el barco fuese varado a 100 yardas de la orilla, para intentar salvar a los pasajeros y a la tripulación. Solo cuarenta se salvaron, entre los que no estaban Croom y su familia. A partir de aquí tiene lugar una pugna por la herencia que rozó el surrealismo. La disputa estuvo entre un hijo de Croom que no estaba en el barco y su abuela materna. Resumiendo: si Croom fue el último en morir ganaba el hijo; si fue el primero, ganaba la abuela. Algunos testigos dijeron que vieron que casi llegó a la orilla. Fue el último en fallecer de la familia y lo hizo a los 60 años.

Para finalizar con los barcos de pasajeros ponemos la mirada en la médico estadounidense Susan Dimock (1847-1875). Aunque ahora nos parezca increíble, la Universidad de Harvard rechazó su solicitud en la Facultad de Medicina por ser mujer, así que tuvo que estudiar en la de Zúrich. Una vez terminados sus estudios pudo trabajar como residente en el Hospital de Nueva Inglaterra de Mujeres y Niños. Pasado un tiempo echaba de menos Europa, así que se embarcó en el transatlántico SS Schiller que cubría la ruta Nueva York-Hamburgo. Aunque el barco ya llevaba dos años realizando el mismo recorrido, el 7 de mayo de 1875 golpeó un arrecife en Retarrier Ledges, en las islas Sorlingas. Entre los más de 300 muertos estaba la Dra. Dimock, una pérdida irreparable ya que en su tiempo fue única por sus habilidades, teniendo en cuenta las dificultades que había tenido que superar por ser mujer. Tenía 28 años y ya había logrado abrir la primera escuela de enfermería en Estados Unidos.

El buque SS Schiller amarrado en Hoboken, antes del naufragio que sufrió la joven promesa de la medicina Susan Dimock.

Las islas Sorlingas parecen un sumidero de científicos. Allí también perecería un año antes que Dimock el botánico y sacerdote Richard Thomas Lowe (1802-1874). En el caso del sacerdote el deceso se produjo en acto de servicio. Lowe estudió la fauna y la flora de Madeira; de hecho, el naufragio en el que se vio envuelto fue del barco Liberia, que cubría la ruta Inglaterra-Madeira. Parece que el Liberia, tras chocar con otro barco, el Barten, volcó. Murieron 50 personas. Lowe ya buscaba la ancianidad, tenía 71 años.

El caso de científicos que sufrieron naufragios es muy

típico en aquellos que iban a recolectar algún tipo de espécimen. Un ejemplo es el del botánico inglés Cecil Victor Boley Marquand (1897-1943). Su fin es una de esas ironías del destino que hacen que la vida de uno parezca una película. Combatió en la Primera Guerra Mundial y allí fue herido. Como consecuencia, quedó inválido de por vida. No tuvo más remedio que retirarse pronto y lo hizo a un sitio de ensueño, la isla de Skye en Escocia. Y allí murió, en un simple bote buscando algas. Un hombre que estuvo detrás de una ametralladora en una guerra que dejó millones de muertos murió con 46 años por amor a la botánica.

La infancia del médico y micólogo checo August Carl Joseph Corda (1809-1849) fue de cuento de Dickens. Sus padres murieron poco tiempo después de su nacimiento y se crio durante diez años con su abuela. Pero esta también murió, por lo que pasó dos años en una familia de acogida hasta ser enviado con un tío a Praga. Se hizo médico, pero acabó aburrido por el cólera y comenzó una carrera de botánico y micólogo, desde la que se inmortalizó por haber descubierto muchos hongos. Solo sabemos que murió en el mar en un viaje de vuelta de recolectar especímenes en Texas. Tenía casi 40 años.

La exploración no es monopolio de los biólogos, que se lo digan al geólogo británico John Walter Gregory (1864-1932). Sus trabajos más importantes tienen que ver con la geografía y la geología de Australia y parte de África, aunque viajó por todo el mundo realizando todo tipo de observaciones geológicas. En enero de 1932 fue a una expedición a Sudamérica para realizar un estudio de los centros volcánicos y sísmicos de los Andes. En una de las incursiones, el barco donde navegaba volcó y se hundió en el río Urubamba, en Perú. Fue el 2 de junio de 1932 y Gregory tenía 68 años.

No todos los cuerpos en los naufragios aparecen, ni siquiera todos los barcos dan señales de vida. El ornitólogo Gerry Clark (1927-1999) se hizo mundialmente famoso por dedicar siete años de su vida a construir con sus propias manos el yate Totorore (nombre en maorí del pato-petrel antártico, *Pachyptila desolata*). Usó madera de kaurí, un árbol endémico de Nueva Zelanda. Se lanzó al mar y circunnavegó durante 3 años y 8 meses nada menos que la Antártida, analizando con detenimiento las aves de las islas por donde iba pasando. Después de otros viajes, se centró en el estudio de las aves marinas de las islas al sur de Nueva Zelanda. El 12 de junio de 1999 se dio por desaparecido junto a Roger Sale, la persona que lo acompañaba. Tenía la nada despreciable edad de 72 años. El botánico italiano Carlo Luigi Giuseppe Bertero (1789-1831) es otro de estos casos de personas con las que se pierde el contacto. Realizó dos viajes para poder describir la flora de Chile. Pasó una temporada en Tahití, pero se cansó un poco del ambiente que estaba viviendo, así que decidió embarcar de nuevo hacia Chile. La última noticia que se tiene de él es de una escala en Raiatea, una de las islas de Sotavento en la Polinesia francesa. Llevaba consigo gran parte de una colección de plantas de la Polinesia. Otra parte fue recuperada por su amigo Jacques Antoine Monehout en Tahití. Evidentemente lo dieron por muerto a los 41 años, que fue cuando desapareció. Si diese hoy señales de vida tendría más de doscientos años y un puñado de semillas rancias en las manos. ¡Qué susto!

* * *

Una vez en un bar asistí a una conversación de chiste. Literalmente. Me viene a la mente por todo este asunto de los naufragios. El camarero estaba hablando con un cliente. Le estaba diciendo que era pescador. La conversación fue más o menos esta:

—Entonces, ¿tu padre también fue marinero?

—Así es.

—¿Murió en el mar?

—Murió en el mar.

—¿Y tu abuelo?

—Marinero.

—¿Murió en el mar?

—Murió en el mar.

—¿Y tu bisabuelo?

—Y mi bisabuelo y mi tatarabuelo, hasta donde sé, a todos se los tragó el mar.

—¿Y no tienes miedo a montarte en un barco?

—¿De qué murió tu padre?

—De una embolia, hace unos años. Murió en el hospital.

—¿Y tu abuelo?

—Le dio un infarto mientras dormía.

—¿Y tu bisabuelo?

—Cuentan que murió tras varios días de agonía por una pierna gangrenada.

—¿Y no tienes miedo a meterte en la cama?

Una lectura literal del chiste nos arroja una falacia: no por ser marinero se muere en el mar ni por usar camas se muere entre sábanas. La gracia del chiste está precisamente en eso, en ese doble sentido que aclara el hecho de que la muerte nos llega a todos sin importar nada lo que hagamos en la vida. Es cierto que un marinero tiene más papeletas de sufrir un naufragio que alguien que no ha salido de la montaña. En cualquier caso, la única condición para morir es estar vivo.

TRÁFICO INFERNAL

El indiano Máximo Díaz de Quijano amasó una gran fortuna en las Américas y se relacionó con los veraneantes de la hermosa localidad de Comillas. Allí quiso fabricarse una residencia de verano a la que llamaron inicialmente Villa Quijano. Sin embargo, no pudo disfrutarla, pues murió pocos meses después de finalizada la obra, en 1885. Ese mismo año y en otra parte del mundo se producía el primer bloqueo neuroaxial por parte del norteamericano James Leonard Corning.

Inyectó hidroclorato de cocaína. Primero probó con un perro y luego con un hombre «que había sufrido durante mucho tiempo debilidad espinal e incontinencia seminal, y que durante muchos años había sido adicto a la masturbación y otras formas de abuso sexual». Ahí es nada. Inyectó la cocaína entre la vértebra dorsal 11 y la 12. Las conclusiones de Corning fueron de esperanza en el futuro de la cirugía. La carrera hacia el control del dolor había comenzado.

En esta sección veremos algunas muertes de científicos por accidente de tráfico y al final desvelaremos qué tiene que ver Máximo Díaz de Quijano en todo esto.

TRES SANITARIOS TRAGADOS POR LAS RUEDAS

El médico militar español Fidel Pagés Miravé (1886-1923) es una de esas personas que deberían estar en el *top ten* de los héroes de la ciencia. Al menos para las mujeres parturientas. Desarrolló la denominada por él como «anestesia metamérica» para poder operar a sus compañeros soldados sin dolor. Rápidamente observó que la técnica podía usarse para el trabajo del parto. ¿Por qué razón las mujeres debían dar a luz con dolor? En este punto podemos decir que Pagés inventó la que conocemos hoy con el metonímico nombre de anestesia epidural. La diferencia con la anestesia de Corning es que en el caso de Fidel sí hay una constancia escrita de que su anestesia fue realmente epidural, mientras que la de aquel parece haber sido intradural. Publicó su descubrimiento en la revista *Sanidad Militar*, en 1921. El 21 de septiembre de 1923 Pagés perdió la vida en un accidente de automóvil, justo el día después de que se le concediese una excedencia que llevaba pidiendo durante algún tiempo. Este desgraciado desenlace no le permitió difundir su nuevo método, y mucho menos reclamar su paternidad. Tan solo tenía 37 años. Hoy debería haber una foto suya en todos los paritorios donde se administra la epidural con una nota al pie: «Héroe de la ciencia».

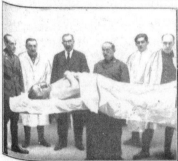
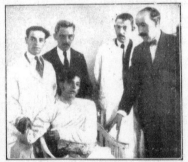

Página dedicada al deceso del Dr. Pagés,
Mundo gráfico (septiembre de 1923).

La cardióloga estadounidense Helen Brooke Taussig (1898-1986) es considerada en todo el mundo como la fundadora de la cardiología pediátrica y una de las primeras expertas en dar la voz de alarma sobre la peligrosidad de la talidomida. En concreto desarrolló la maniobra Blalock-Taussig. Veamos en qué consiste. Por «síndrome del bebé azul» se entiende cualquier patología que provoque coloración azul (cianosis) en un recién nacido. Entre las causas encontramos la «tetralogía de Fallot», una cardiopatía congénita que consiste en que por medio de cuatro malformaciones se mezcla la sangre arterial con la venosa. Aunque esta cardiopatía ya había sido descrita hacía más de cien años, fueron Taussig junto a Alfred Blalock los que consiguieron dar las pautas para la operación mencionada anteriormente. En la actualidad unos ojos entrenados son capaces de detectar fácilmente esta malformación mediante una ecocardiografía fetal y así estar preparados en el momento del nacimiento.

El 20 de mayo de 1986 era un día normal. Helen conducía su coche, en el que iban cuatro amigos suyos. Al poco tiempo de salir de un estacionamiento en el centro de Pennsbury no pudo evitar la colisión con otro coche en una intersección cercana. Aunque fue trasladada al hospital del condado de Chéster, no se pudo evitar que perdiera la vida en poco más de una hora. No podemos decir que no fuese una gran pérdida, pero si hace las cuentas verá que la gran salvadora de los niños azules tenía entonces 87 años.

El último de nuestros médicos fallecidos por accidentes de automóvil es el estadounidense Charles Richard Drew (1904-1950), todo un señor ilustre para el pueblo norteamericano y británico. En agosto de 1940 lo nombraron director médico del proyecto *Blood for Britain*, concebido para llevar sangre donada en Estados Unidos a los soldados británicos de la Segunda Guerra Mundial. El éxito se hizo aún mayor cuando estableció un protocolo para enviar plasma seco, mucho más ventajoso que la sangre por sus condiciones de conservación. Drew fue todo un héroe nacional también en su país, pues no pudo callarse lo estúpido que fue en aquel momento la división de sangre de blanco y sangre de negro. Él mismo era mestizo y dijo que «no hay bases científicas para la separación de la sangre de diferentes razas, excepto en base a los grupos sanguíneos». Lo que sí logró fue que se produjeran unas 15.000 donaciones y que se enviaran 5.500 viales de plasma.

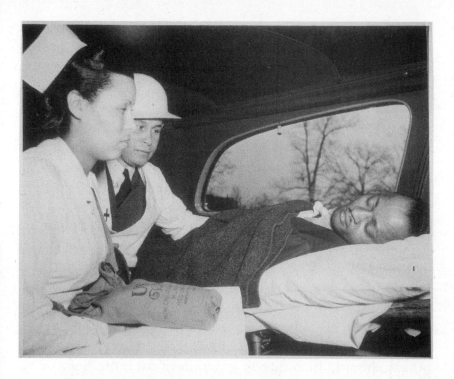

«Tras practicarle los primeros auxilios una "víctima" es trasladada al hospital por el cuerpo médico de la Oficina de Defensa Civil en un simulacro de ataque en Washington D.C.». El médico es Charles Drew, c. 1941-45.

En 1950 tomó un vehículo junto a otros tres médicos negros para asistir a un evento médico en Tuskegee, Alabama. Cuando le tocaba el segundo turno de conducción estaba muy cansado debido a que la noche anterior la pasó en el quirófano. Perdió el control y el coche dio tres vueltas, con la mala suerte de que su pie izquierdo se quedó atrapado en un pedal, se abrió la puerta y su cuerpo fue golpeado y aplastado por el vehículo. Sufrió múltiples heridas internas y en la cabeza. Sus tres compañeros no salieron mal, pero a Drew hubo que trasladarlo al Hospital General de Alamance, en Burlington. Allí no se pudo hacer nada por su vida. Hay una leyenda que dice que a Drew lo dejaron morir al no realizarle una transfusión debido a su raza. Sin duda un falso mito, puesto que los propios acompañantes dijeron que su estado era muy grave, además de que en el hospital sabían perfectamente con quién estaban tratando. El salvador de los soldados británicos murió con tan solo 45 años.

EL ACCIDENTE DE UN FÍSICO QUE ACABÓ EN LA LUNA Y MÁS CASOS DE COCHES GAMBERROS

También tuvo lugar una controversia, aunque de otro tipo, con el físico coreano Benjamin Whison Lee (1935-1977). En época escolar emigró a Estados Unidos para huir de la guerra y acabó haciéndose con la nacionalidad. Sus trabajos son de gran importancia en el modelo estándar de partículas y podría haber llegado más lejos si no hubiese sido protagonista de un accidente fatal: un camión que cruzó la mediana colisionó con el coche que conducía. Iba con su familia, con su mujer y dos hijos de 14 y 12 años. Ellos sobrevivieron. Una novela coreana hizo que se extendiera un bulo. Solo había que mezclar raza asiática, físico y accidente mortal para poder montar una conspiración a la medida de cualquier mente aburrida. Al parecer se decía que Lee intentó ayudar al régimen surcoreano en el desarrollo de armas nucleares. La CIA, que no tenía otra cosa que hacer, en vez de secuestrarlo y sacarle información, provocaría el accidente con el desenlace conocido. Evidentemente no es más que ficción. Lee murió a los 42 años, truncando una carrera extraordinaria en el contexto de la física de partículas.

Vayamos a otro físico de formación. La historia del geólogo planetario estadounidense Eugene Merle Shoemaker (1928-1997) es del todo sorprendente. Descubrió junto a su mujer y un colega el cometa Shoemaker-Levy 9 (SL-9). El SL-9 fue aquel cometa que colisionó con Júpiter en 1994. Igual tiene edad para recordar esas imágenes tomadas por el telescopio Hubble, que pasaron a la historia por ser las primeras que se tenían de dos objetos que colisionaban en el Sistema Solar.

Fíjese bien en este rostro. Es Eugene Merle Shoemaker,
el único ser humano enterrado en la Luna.

Shoemaker es considerado como uno de los fundadores
de las ciencias planetarias. Incluso mientras estuvo vivo gozó
de gran prestigio en el mundo de la ciencia. Pero su vida terminó trágicamente en 1997 con un accidente coche mientras realizaba una expedición por Australia en búsqueda de
cráteres. Pero aquí no termina su historia. Shoemaker fue
designado para convertirse en el primer científico en pisar
la superficie lunar, pero se le diagnosticó la enfermedad de
Addison y lo descartaron. El honor lo tuvo el geólogo Jack
Schmitt. Alguna vez dijo que la espinita clavada que tenía en
su vida era no haber podido utilizar su martillo en el suelo

lunar. A su amiga Carolyn Porco —también científica planetaria— se le ocurrió una idea: ¿y si mandamos las cenizas de Gene a la Luna? Vio que la siguiente misión era la *Lunar Prospector* y sin pensarlo envió su propuesta a los máximos responsables. La respuesta fue tajante: «Me gusta la idea, Carolyn. Me gusta lo poética que es». Se hicieron todos los preparativos e incluso se incluyó un epitafio con unos versos de *Romeo y Julieta*. El 31 de julio de 1999 se realizó el primer «entierro lunar» de la historia: se llevó a cambio estrellando la sonda en la superficie lunar. Shoemaker, que murió con 69 años, es el único ser humano enterrado en la Luna, o *enlunado*, si se me permite la licencia.

Quien realizó tantos viajes en coche como Shoemaker fue el zoólogo sudafricano Austin Roberts (1883-1948), que no hay que confundir con el cantante que dio su voz a la serie de animación *Scooby Doo* (escúchese por ejemplo *Seven Days a Week*). Es muy valorado entre los zoólogos su libro *Pájaros de Sudáfrica* (1940). La continuación de esta obra, *Los mamíferos de Sudáfrica*, no pudo verla publicad en vida. Una insuficiencia cardíaca hizo que se saliese de la carretera en Transkei y muriese a causa del accidente. Tenía 64 años y su obra sobre los mamíferos sería publicada a título póstumo tres años después. Otro zoólogo que tuvo problemas con el volante fue el norteamericano Angus Munn Woodbury (1886-1964). No tuvo mejor suerte al chocar frontalmente con otro vehículo en Colorado. Y menos suerte tuvo su mujer, que iba de acompañante y también perdió la vida. Woodbury era un experimentado zoólogo que trabajó en servicios forestales y parques nacionales, y que investigó en la Universidad de California. Murió con 78 años y no tuvo mucho eco en la prensa del momento.

Vamos a terminar con poesía. En 1860 se publicó un poema de Henry Wadsworth Longfellow en la revista *The Atlantic Monthly*. Su estrofa inicial decía: «Entre la oscuridad y la luz del día, cuando la noche empieza a bajar, viene una pausa en el quehacer diario. Es conocida como "La

Hora del Niño"». De este verso final se tomó la idea para un programa de radio de la BBC, *Children's Hour*. Se trataba de un espacio dedicado íntegramente a los más pequeños, cuando no había Clan TV o Disney Channel. Para ser más exactos, no había televisión. El programa deja en pañales a Jordi Hurtado, pues estuvo en antena desde 1922 hasta 1964. Un espacio educativo en la que los niños aprendían de todo, incluso tenían a su ornitólogo, el naturalista británico James Fisher (1912-1970). Fue muy popular en su país por haber realizado más de 1.000 programas de radio y televisión. Perdió el control de su vehículo el 25 de septiembre de 1970, cuando iba por el barrio londinense de Hendon. Este héroe de los niños y de la divulgación científica falleció cuatro días después con 58 años.

EL ANCIANO BOTÁNICO QUE SE TRAGÓ UN TREN Y OTROS CASOS MORTALES SOBRE LAS VÍAS

El ornitólogo estadounidense Louis Agassiz Fuertes (1874-1927) también iba con su mujer en su coche el día de su accidente, aunque en este caso fue mucho más sorprendente. Si escribimos «Agassiz birds» en un buscador de internet y elegimos la opción de mostrar imágenes, nos encontramos con unas láminas realmente preciosas. Es difícil que en algún momento de su vida no se haya topado con alguna. Incluso muchos de sus libros se encuentran escaneados en el sitio «archive.org». Es una verdadera delicia entrar y pasar algunas páginas. Su muerte fue realmente trágica. Se acercó con su coche hacia un paso a nivel y vio la vía libre. Pero no fue así, una carga de heno ocultó un tren que se acercaba a gran velocidad, embistió el vehículo y acabó con la vida de los dos ocupantes. El mítico ilustrador tenía 53 años.

Acuarela de un par de carboneros dorsicastaños
(*Poecile rufescens*), obra de Louis Agassiz Fuertes,
trágicamente atropellado por un tren.

El tema de los trenes es muy delicado. Vamos a detenernos un poco en el entomólogo inglés Benjamin Dann Walsh (1808-1869), el científico que murió mirando un WhatsApp del siglo XIX. Es recordado como uno de los primeros defensores del control biológico de plagas y del darwinismo. Con 30 años emigró a Estados Unidos para no volver. Allí trabajó una época como agricultor. En ese tiempo conoció de primera mano la importancia de conocer los insectos que afectaban a las cosechas como plagas agrícolas. Durante años insistió en la importancia de que los agricultores identificaran las plagas y publicó varios artículos animando a ello. Entre las especies descritas por Walsh está el saltamontes rocoso de las montañas (*Melanoplus spretus*), una criatura a la que volveremos cuando hablemos de otro de nuestros desdichados científicos. Benjamin era un entomólogo realmente entregado a su profesión.

En la mañana del 12 de noviembre de 1869 salió caminando hacia Moline, pero realizó una parada en la oficina de Correos. Allí había una carta para él. La abrió y continuó la marcha mientras la leía, por las vías del tren Chicago & Rock Island. Se dice que era muy sociable con la gente joven, así que un tal Frank se unió a su paseo. Pero Walsh estaba entregado a la lectura y le dijo que continuase él solo, porque necesitaba examinar la carta y el valioso insecto que había dentro. Absorto en la lectura, como el que va leyendo un mensaje de WhatsApp en un paso de peatones, oyó el sonido de un tren. Quiso apartarse, pero no atinó en ir al lado adecuado y su pie izquierdo quedó atrapado debajo de la máquina, mientras se tiraba de costado al lado opuesto. Los médicos le confirmaron que debían amputarle el pie a la altura del tobillo, a lo que el entomólogo respondió con humor: «¿No veis lo útil que es un pie de corcho? Es un excelente cojín cuando vaya a coger insectos. Si pierdo el tapón de una botella, puedo tallarme uno de mi pie». La situación no era tan cómica como quiso verla él. Tenía irreparables heridas internas por la caída, que le causaron la muerte seis días después, con 61 años.

Un incidente parecido tuvo el botánico alemán Wilhelm Nikolaus Suksdorf (1850-1932). No solo emigró hacia Estados Unidos, sino que se montó una ciudad junto a sus hermanos. Se trata de Bingen, en Washington, cuyo nombre fue dado en recuerdo a la ciudad alemana Bingen am Rheim. En la ciudad que fundaron y en la que realizó labores botánicas durante años perdió la vida de la manera más tonta. Ya con esa edad en la que los hijos les riñen a los padres por excederse en sus límites físicos, se dispuso a parar un tren. Lo hizo un día de niebla, alzando la mano. La verdad es que no se entiende muy bien cómo ocurrió, pero el tren acabó arrollando al anciano botánico y estampándolo contra una de las paredes de la estación. Tenía 82 años y al parecer era muy despistado.

También existen finales trágicos cuando se va dentro de un tren. El químico tailandés Robert Dirks (1978-2015) estaba labrándose un renombre extraordinario en el ámbito de la química computacional aplicada al análisis del ADN, pero tuvo la mala suerte de ir en el primer vagón del accidente de tren de Nueva York del 3 de febrero de 2015. Un Jeep Cherokee se quedó en un cruce y el tren lo embistió y lo arrastró a una distancia equivalente a diez vagones. Murieron seis personas, cinco de ellas dentro del tren, lo cual no es nada habitual. Ya tuvo mala suerte el muchacho: Dirks perdió la vida entre humo y confusión con solo 36 años.

TRACCIÓN ANIMAL Y TRACCIÓN HUMANA

De atropellos solo nos queda hablar de uno de los más grandes científicos que ha dado la historia. No tiene sentido hacer aquí una enumeración de todos los logros del físico francés Pierre Curie (1859-1906). Suele destacarse por sus estudios sobre la radiactividad, junto a su esposa. Puede visitar multitud de sitios web donde se habla del tema. Sin embargo, poco se dice del descubrimiento de la piezoelectricidad. Esta propiedad de la materia consiste en que ciertos cristales pueden producir una diferencia de potencial al ser sometidos a una tensión o distensión mecánica (aplastarlo o estirarlo, en palabras llanas). Es tan importante esta propiedad que hoy se utiliza por ejemplo en las ecografías, los sensores de movimiento o la cirugía.

Seguir hablando aquí de todo lo que hizo este gigante de la ciencia es imposible. Vayamos a su trágico y bien conocido fin. Estamos ante otro caso de sabio abstraído en sus pensamientos. El 19 de abril de 1906 fue un día lluvioso, pero eso no le quitó las ganas a Pierre de reunirse con algunos colegas. A la vuelta, cruzó la rue Dauphine y resbaló por el suelo mojado. Un coche de caballos que pasaba no pudo esquivarlo y una de las ruedas pasó por encima de su cabeza. Le aplastó el cráneo y murió en el acto. Pierre falleció con 46 años, anticipándose a la probable muerte por los efectos de la radiación que había recibido durante años. Tanto su mujer Marie Curie (1867-1934) como su hija Irène Joliot-Curie (1897-1956) murieron por leucemia, causada por los elementos radiactivos con los que trabajaron. Hay una larga lista de científicos que padecieron cáncer por la misma causa que darían casi para otro libro.

Grabado de la época que ilustra el accidente fatal de Pierre Curie.

La langosta de las Montañas Rocosas se encuentra extinta desde 1902. Pasaron de doce billones de insectos a cero en 25 años. Una misteriosa extinción con muchas hipótesis.

Entre los accidentes de tráfico hemos querido incluir también los de bicicleta. Traemos dos. El primer caso es el del entomólogo inglés Charles Valentine Riley (1843-1895). Fue otro de los emigrados a Estados Unidos, donde llegó a convertirse en el padre del control biológico de las plagas. En 1876 coordinó la lucha contra el saltamontes *Melanoplus spretus*, ese que Walsh —el entomólogo que metió el pie en un tren por mirar el WhastApp del siglo XIX— describió diez años antes. La muerte de Riley no tiene nada que envidiar en un concurso de muertes absurdas. Ocurrió un día cualquiera que iba a trabajar como conservador de insectos en el Instituto Smithsoniano. Bajaba rápidamente por una colina con su bicicleta, cuando en mitad del camino se encontró con un bloque de granito que un carro había dejado caer. La rueda delantera golpeó inevitablemente con el bloque. Salió despedido y con la cabeza golpeó el suelo, con el resultado de una fractura fatal de cráneo. Aunque fue llevado a casa inconsciente, poco se pudo hacer y falleció el mismo día. Tanto los medios especializados como generalistas se volcaron con él en sus obituarios, alababan su labor única para los cultivos. Y es que con la comida no se juega. Tenía 52 años.

Le dedicamos un último apunte al neurólogo y psiquiatra alemán Carl Wernicke (1848-1905). En 1874 publicó su obra *El síndrome afásico*, en la que describía las diferencias entre afasia motora y la afasia sensorial, no entendidas hasta el momento. En la motora se presenta la casi imposibilidad de un habla fluida, la producción de frases cortas y con gran dificultad; por contra, en la sensorial se aprecia una deficiencia en la comprensión y un habla incoherente. Además de otros síndromes, ha pasado a los libros de historia de la medicina como la persona que describió la encefalopatía de Wernicke. En este tipo de encefalopatía se pierde la actividad mental y la coordinación muscular (ataxia), se aprecian movimientos oculares anormales, visión doble y caída de los párpados. No hay mucha información bibliográfica al respecto, pero Wernicke murió en un accidente de bicicleta en el bosque de Turingia, Alemania, con 57 años. Para que luego digan que el deporte alarga la vida.

* * *

Al comienzo de la sección hablábamos de Máximo Díaz de Quijano y su exuberante cartera. Le dio para contratar nada menos que a Gaudí. La «casita» de verano de la que hablamos recibe actualmente el nombre de *El Capricho*, debido a las evocaciones musicales y a su originalidad. Es el primer edificio construido por Gaudí, que se documentó a conciencia sobre la personalidad del dueño. Quijano era músico y botánico aficionado, por lo que la casa también está repleta de ornamentos musicales. El músico y el arquitecto no llegaron a conocerse. Pero hay más, Gaudí nunca visitó la casa, aunque hay algún testimonio que dice que fue de incógnito. Antoni Gaudí murió como alguno de nuestros científicos, atropellado por un tranvía. No murió en el acto. Lo tomaron por un mendigo al ir sin documentación y con ropa un poco desaliñada. Hasta que un guardia civil lo llevó al Hospital de la Santa Cruz no fue reconocido, aunque ya era tarde para salvarle la vida. Murió con 73 años.

El Capricho de Gaudí en Comillas, Santander.

EL SASTRE VOLADOR Y OTRAS BATALLAS
PERDIDAS CON LA GRAVEDAD

El antiguo centro de París está situado en la isla de la Cité, un islote en mitad del río Sena. No se es consciente de que se entra en una isla hasta que uno no ha caminado un buen rato por dentro y pasado por algunos de los ocho puentes que la comunican con la ciudad. La isla es especialmente conocida porque alberga la catedral de Notre Dame, una joya gótica que ha servido de inspiración a escritores, artistas y, como no podía ser menos, a la industria cinematográfica. El atrio de la catedral se encuentra enmarcado en la plaza Juan Pablo II. La mayoría de los visitantes que se sitúan en el atrio y miran la fachada de enfrente quedan nublados y no advierten el edificio que se encuentra a la izquierda. Es el Hôtel-Dieu (casa de Dios en español), hospital situado en la orilla izquierda del Sena, el primero que se construyó en la ciudad, fundado en el año 651, aunque el edificio actual es del siglo XIX.

La plaza es más grande que en la Edad Media, pues se demolió el hospital antiguo y se reconstruyó un poco más al norte, tal como podemos verlo en la actualidad. Allí van a comenzar nuestras historias, en el edificio antiguo, en lo que sería hoy el atrio de la catedral de Notre-Dame. Empezaremos con una historia en París y terminaremos también en esta ciudad. Hablaremos aquí de accidentes de varios tipos y que, por muy tontos que sean, causaron la muerte a científicos de todas las nacionalidades. Caídas en general. Por escaleras, por ventanas, acantilados y montañas. Y por qué no, también alguna cuestión de más altura, es decir, aviones accidentados y paracaidistas suicidas.

Antiguo Hôtel-Dieu de París de Charles Marville, c. 1867.

EL CIRUJANO QUE SE CREYÓ SPIDERMAN
Y OTROS TORTAZOS FATALES

Caer desde un telescopio no parece peligroso, si es un telescopio *amateur* que está a la altura de una mesa de comedor. Pero el caso del joven astrofísico alemán Florian Goebel (1972-2008) fue un poco más dramático. En septiembre de 2008 se estaban realizando las últimas labores de puesta en marcha del potente telescopio MAGIC II, en el observatorio del Roque de los Muchachos en la isla de Palma, España. MAGIC es el acrónimo de Major Atmospheric Gamma-ray Imaging Cherenkov Telescope (Telescopio de rayos gamma por emisión de radiación Cherenkov en la atmósfera). En realidad son dos telescopios clonados. El primero fue inaugurado en 2004 y el segundo tenía prevista su inauguración para el 19 de septiembre de 2008, pero se tuvo que atrasar hasta 2009, porque el desdichado Goebel cayó mientras realizaba un cambio de lentes el 10 de septiembre. Parece que un mareo fue la causa del descuido. Y solo tenía 35 años.

Probablemente haya visto alguna vez que muchos enganchados al *selfi* realizan sus fotografías desde un ángulo superior y bajando levemente la cabeza, para intentar ocultar algo que parece ausente en el rostro de Julia Roberts. Hablamos de las bolsas de Bichat, unos acúmulos grasos en ambos lados de la mejilla. Hay gente que se las quita, pensando que va a entrar con la cara de Shin-chan para salir a la media hora con las sonoras risas de Mario Vaquerizo. Los resultados no son tan exagerados. Me miro en el espejo y me veo la cara redonda. Estoy contento con mis bolsas de Bichat, aunque solo sea por rendir homenaje a nuestro próximo personaje.

El médico francés Marie François Xavier Bichat (1771-1802) fue una de las eminencias que dejaron huella al paso por el hospital Hôtel-Dieu. Se especializó en anatomía y fisiología, de ahí lo de las bolsas de Bichat. Son las que dan un aspecto redondeado a las caras de los bebés y que luego pierden tamaño relativo respecto al resto de la cara. Aunque ya se habían descubierto antes del nacimiento de Bichat, este lo que hizo fue demostrar que no se trataba de unas glándulas, sino de bolsas que contienen grasa. Como se ha adelantado, hay una operación de cirugía estética en las que se pueden extirpar para dar un aspecto más juvenil al semblante. Se denomina bichectomía. Por otra parte, la hendidura o cisura de Bichat es una zona en forma de herradura abierta que se encuentra situada entre el lóbulo temporal y el tronco encefálico.

También se considera a Bichat como uno de los padres de la histología, pues mostró especial interés por resaltar la importancia de estudiar los distintos tejidos del cuerpo humano. Como no es de extrañar en un hombre de la envergadura de Bichat, hay más de una versión sobre su deceso. La que encajaría en esta parte del libro es que cayó por las escaleras de su hospital y murió un par de semanas más tarde debido a una infección. Otra versión de los hechos cuenta que una meningitis tuberculosa acabó con él, o incluso una fiebre tifoidea. Sí es muy probable que rodara por algunas escaleras en el Hôtel-Dieu debido a la debilidad producida por alguna enfermedad. En cualquier caso, los últimos momentos de su muerte quedaron inmortalizados en un cuadro del francés Louis Hersent. En la escena aparece Bichat postrado en una cama, con ropa blanca. No hay signos de heridas en su cuerpo, no parece que ninguna parte de su anatomía esté cubierta por vendas, al menos la cabeza. De pie hay un médico que le está poniendo la mano en la frente, probablemente para comprobar su temperatura. Sentado hay otro médico, no se aprecia bien si está dormido o pensativo. El título de la obra lo dice claro: *Marie François Xavier Bichat moribundo* y se encuentra en el Museo de Historia de la Medicina, en la Universidad de París Descartes. En la página de la universidad explican que Bichat murió a causa de meningitis tuberculosa, no por la caída, con tan solo 31 años.

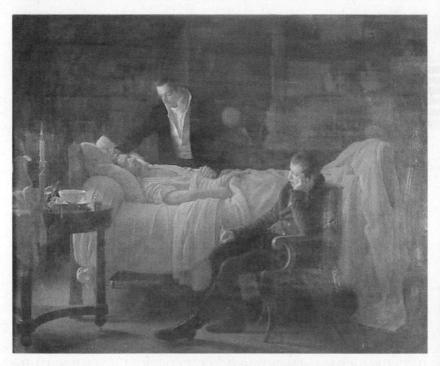

Marie François Xavier Bichat moribundo, de Lous Hersent.

Quien sí pegó un testarazo fatal y bastante sospechoso fue uno de los pioneros de la microcirugía en todo el mundo: el médico chino Zhong Wei Chen (1929-2004). Formó parte del equipo que realizó la primera reconstrucción total de una mano. En 1963 al joven de 27 años Wu Cunbose se le había seccionado la mano izquierda en un accidente de trabajo. En el Hospital de Shanghai se reunió un equipo de expertos y decidieron ponerse manos a la obra, nunca mejor dicho. La operación duró siete horas y media, fue todo un éxito y abrió una nueva era en la microcirugía. En marzo de 2004, el Dr. Zhong Wei Chen, ya retirado, se precipitó al vacío desde el séptimo piso de su vivienda en Shanghai. Las circunstancias son algo extrañas. Su hija Lilly Chen explicó a los medios que su padre quedó encerrado fuera de la vivienda e intentó entrar por una ventana, en un séptimo piso. Entran mareos solo pensarlo. La policía reportó que fue una muerte accidental. A pesar de ello es fácil ser malpensado en el país con la tasa de suicidio más alta del mundo. Nunca sabremos si fue intencionado o simple terquedad, pues tenía 75 años cuando hizo tal locura.

Si lo del cirujano chino le parece una excentricidad, prepárese para lo que viene ahora. Es uno de los maestros e inspiradores de Charles Darwin y también se estampó contra el suelo, aunque desde menos altura: el naturalista inglés Charles Waterton (1782-1865). Fue un taxidermista de primera que llegó a mezclar trozos de cuerpos de distintos animales para conformar criaturas inmundas. Un ejemplo es el caso del ejemplar descrito como *The Nondescript*, muy compartido por las redes sociales. Al parecer, Waterton quería hacerlo pasar por un abominable hombre del Amazonas, pero no es más que un mono aullador rodeado de pelo. Está expuesta en el Museo de Wakefield y parece una de las muchas bromas y excentricidades del taxidermista. Acostumbraba a tirarse debajo de la mesa tras las comidas para morder las piernas de los comensales y a vestirse como un espantapájaros escondido entre los árboles. No tenía miedo a la hora de subirse a los árboles y cualquiera sabe qué tipo de carreras y saltos habría dado durante toda la vida. En una caída por su finca se fracturó varias costillas y produjo un daño fatal en su hígado que acabó con él poco tiempo después, cuando ya tenía 76 años.

A NONDESCRIPT.

El engendro *The Nondescript* de Charles Waterton.

Los frentes de batalla también se llenan de personalidades extravagantes. Tenemos el caso de Norman Arthur Wakefield (1918-1972), un naturalista australiano que también sufrió una caída en su propia casa. Combatió en Papúa y en Nueva Guinea durante un año y al siguiente hizo lo mismo en Bougainville. Pero no se dedicó solo a disparar y a esquivar balas, recogió helechos y se los trajo después de la guerra. Esta colección está expuesta en el Museo Británico y en el Herbario Nacional de Victoria. Como experto en helechos que era, en su propio hogar tenía varias especies, en Sherbrooke, Victoria. Un día cualquiera de poda se precipitó desde lo alto de uno de sus árboles y falleció por las heridas que se produjo. Tenía 53 años. No sabemos si tuvo mala suerte o si se trató de algún tipo de imprudencia temeraria.

PUENTES, ACANTILADOS Y PRECIPICIOS

Obviamente las caídas también pueden ocurrir sin tentar la suerte, fuera de casa y a personas más jóvenes. Da la casualidad que el siguiente científico murió con la misma edad que el anterior. El químico inglés Smithson Tennant (1761-1815) es uno de esos casos de mala pata. Tennant tiene un par de casillas en la tabla periódica de los elementos. Fue quien advirtió por primera vez en 1803 que unas impurezas presentes en el platino eran en realidad una aleación formada por dos elementos nuevos, el iridio y el osmio. Como el hallazgo fue hecho en un momento de lucha por descubrir elementos, tuvo la buena vista de informar con rapidez a la Royal Society de lo que había encontrado. Ambos elementos tienen múltiples aplicaciones. La tinción de osmio se usa para poder observar células de un tejido nervioso, como dejó descrito Camillo Golgi. Por otra parte, las míticas plumas Parker 51 que se fabricaron entre 1941 y 1972 tenían una punta de rutenio con un pequeño porcentaje de osmio. También el prototipo internacional de kilogramo es una aleación de platino e iridio, guardada con celo dentro de tres recipientes a modo de muñeca rusa. Todo esto no llegó a conocerlo un Tennant jinete que cayó por un puente cuando iba cabalgando con su caballo. Tenía 53 años.

Vamos a seguir subiendo, se puede caer desde más alto. El pobre herpetólogo estadounidense Worth Hamilton Weller (1913-1931) tiene el dudoso honor de ser el cadáver más joven entre los científicos de este libro. Desde muy joven mostró un interés desmesurado por serpientes y salamandras. Descubrió una especie nueva y una tarde cualquiera salió a por más especímenes, por Grandfather Mountain, al norte de Carolina. Apareció cuatro días después entre las rocas que mojaba un arroyo: había caído por un acantilado. Una muerte heroica, pues en su bolsa llevaba algunas salamandras Weller *(Plethodon welleri)*, la que él mismo había descubierto. Es el más joven de nuestra nómina de científicos, solo 18 años.

Plethodon welleri.

Si hablamos de Ralph Hoffman (1870-1932), estamos ante otro caso de biólogo estadounidense que hizo cataplún en acto de servicio. Formó parte de un grupo de científicos que exploraron la isla San Miguel, que forma parte del grupo de islas del Canal, California. Como en una previsible película de miedo, era un día de niebla y se separó un momento del grupo para recolectar una planta. Ese momento en que todos decimos en la película: «¡Sí, claro!». Pues sí, se despistó y estuvo ocho horas desaparecido, hasta que se encontró su cuerpo sin vida al pie de un acantilado. Por eso hay que decirle a los niños que no se separen del grupo; aunque Hoffman no era tan niño, tenía 61 años en aquel momento.

Y seguimos hacia arriba, se puede caer desde más alto: el médico alemán Carl Sachs (1853-1878), que se afincó en Calabozo, Venezuela. Allí se especializó rápidamente en el pez temblador del Amazonas. Se trata de la anguila eléctrica y Sachs las investigó a fondo en su corta vida. Incluso en la anatomía del temblador está el órgano de Sachs, nombrado así en su honor y que produce descargas de bajo voltaje empleadas para detectar posibles presas y para comunicarse. En el verano de 1878 Sachs y tres amigos más fueron a pasar unos días en Austria, en concreto a Tirol. Allí escalaron los Nevados del monte Cevedale y encontró la muerte en el fondo de un precipicio. Tenía tan solo 25 años.

LA MONTAÑA

Y ya que hemos entrado en el empinado mundo del montañismo, sigamos subiendo con él. El embriólogo inglés Francis Maitland Balfour (1851-1882) publicó una revolucionaria obra con solo 28 años titulada *Embriología comparada* y que significó el comienzo de la embriología evolutiva. Sin miedo alguno fue en busca de aire fresco para su salud y de sensaciones nuevas a la frontera entre Suiza e Italia, a escalar nada menos que el Mont Blanc. Y no buscó un pico cualquiera, tuvo que intentar el ascenso de Aiguille Blanche de Peuterey (Italia), la cumbre de más dificultad de los más de cien cuatromiles (más de 4.000 metros) alpinos. Sus familiares y amigos pusieron objeciones, pero es evidente que hizo caso omiso. Hasta 1885 no se realizó el ascenso completo de la Aiguille por parte de un guía experto, Émile Rey. El guía Johan Petrus y Balfour perecieron muy probablemente el 19 de julio de 1882. Balfour tenía 30 años y dejó muchos embriones por comparar.

Y ya que estamos en los Alpes, ¿para qué nos vamos a mover? Solo cambiamos de país. El físico inglés John Hopkinson (1849-1898) fue uno de los que descubrió (más bien inventó) de forma casi simultánea el sistema trifásico. Suena bastante raro para el lego. Baste con señalar que gracias al sistema trifásico la electricidad puede llegar a casa. Es posible que haya oído que este logro se debe a un mártir y olvidado Nikolai Tesla. Es cierto, como también es cierto que Galileo Ferraris, Mikhail Dolivo-Dobrovolsky y Jonas Wenstön desarrollaron sistemas similares en la década de los 80 del siglo XIX. Pero todos, junto a Hopkinson, quedan eclipsados por la fiebre Tesla de comienzos del siglo XXI. Por otra parte, y relacionado con sus estudios sobre el transporte de electricidad, el físico inglés quedó inmortalizado en los libros de electromagnetismo gracias a la ley de Hopkinson. Con frecuencia se dice que esta ley es el análogo electromagnético de la ley de Ohm para los circuitos eléctricos. Casi terminando el siglo en que vivió nuestro protagonista, este decidió pasar unas vacaciones en Suiza. Hopkinson era un muy experimentado escalador y conocía bien los Alpes. Se precipitó con 49 años en el ascenso al pico Petite Dent de Visivi, junto a un hijo y dos hijas, algo inexplicable para los que lo conocieron. Siempre nos quedará la duda de cómo ocurrió. En un obituario se dejaron escritas las palabras de *sir* John Wolfe Barry, uno de los ingenieros artífices de Tower Bridge, el famoso puente que une las orillas del Támesis:

> «Ofrezco este pequeño tributo con afectiva admiración a un hombre de ciencia que ha sido uno de los más brillantes destellos de este siglo».

Otro aficionado al alpinismo fue el físico Heinz Pagels (1939-1988), muy conocido en Estados Unidos como divulgador científico. Fue especialista en la teoría del caos. Se cuenta que Michael Crichton se basó en su vida para crear el personaje Ian Malcolm, el matemático de *Jurassic Park*. Y no debe ir muy mal encaminada la inspiración, pues Pagels en su vida real era bastante echado para adelante. Al menos en sus periodos vacacionales, que solía pasar escalando en Pyramid Peak, Colorado. Como en una especie de maleficio profético, Pagels escribió en su libro *El código del Universo* (1982): «Recientemente soñé que estaba agarrando una roca pero no aguantó. La grava cedió, me agarré a un arbusto, pero se soltó y caí al abismo con un terrorífico frío...». Así debió sentirse aquel 23 de julio de 1988 cuando escaló por última vez a sus 49 años.

El personaje de Ian Malcom fue interpretado por Jeff Goldblum. Imagen promocional de *Jurassic Park*, Universal Pictures 1993.

ESTO SÍ QUE ES ALTURA

Y seguimos subiendo unos pasitos más; desde más alto más grande será la caída. David Norman Schramm (1945-1997) fue un importantísimo astrofísico estadounidense que advirtió la importancia de la nucleosíntesis en el *Big Bang*. Fue uno de los pioneros en poner el acento en que la clave para entender la evolución del Universo estaba en combinar el estudio de la física de partículas con la cosmología. «El *Big Bang* es el acelerador de partículas de los pobres», solía decir, y no sin razón.

Como algunos de los que ya hemos hablado, Schramm fue un escalador consumado, pero no sería este su fin. Medía más de 1,90 m de altura. Debía ser curioso ver un pelirrojo tan alto montado en un Porsche con una matrícula en la que se leía «Big Bang». La gente de la calle no imaginaría que estaban ante uno de los físicos más importantes del momento. Esto me recuerda una anécdota personal. Tras dar una charla en el Museo Principia de Málaga caminaba por el centro con unos amigos. Se me acercó una muchacha para darme la publicidad de una discoteca: «¿Sabe usted qué es la Big Bang». No pude callarme: «"La" no sé, pero "el" Big Bang es el estado inicial de alta temperatura y densidad que dio origen al Universo que conocemos actualmente». La chica se quedó con la boca abierta, dio unos pasos atrás y se fue. Y no la culpo. Esa sería la cara que se le debía poner a la gente en los aeropuertos cuando veían a un Schramm gigante, dueño de nada menos que cuatro aeroplanos, y que llegaba con aquel letrero en el coche. Con uno de estos artefactos encontró el fin.

Schramm se encontraba volando de Chicago a Aspen con su avión Swearingen-Fairchild SA-226. Salió del aeropuerto Midway de Chicago y al poco tiempo comunicó por radio algún problema. Desapareció del radar y el resto se lo puede imaginar. Se estrelló cerca de Denver. Era el único pasajero y se determinó que la causa fue un error del piloto, a pesar de sus horas de vuelo, que lo habían convertido en un experto. Murió con 52 años.

Sigamos yendo más arriba. Un avión de pasajeros opera a más altitud que un aeroplano particular de pequeños trayectos. El médico canadiense Frederick Bansting (1891-1941) fue galardonado con el Premio Nobel en Medicina o Fisiología en 1923 por el codescubrimiento de la insulina. Donó parte del premio para la investigación en Canadá. Pues bien, Bansting tuvo la mala suerte de ir a bordo de un avión de pasajeros, un Lockheed 14, cuando fallaron sus dos motores, en Musgrave Harbour, en la isla de Terranova. Murió al día siguiente por las lesiones con 49 años. Bansting nació un 14 de noviembre, por eso esta es la fecha en la que celebra el Día Mundial de la Diabetes.

Fotografía de C.H. Best y F.G. Banting ca. 1924, codescubridores de la insulina.

LOS SURREALISTAS CASOS SUICIDAS
DE CIENTÍFICOS AFICIONADOS

El poco afortunado Bansting no buscó su muerte, pero hay casos en los que lo difícil es no morir. Las dos últimas historias no son de científicos, pero tienen algo que ver con la ciencia y realmente merece la pena que sean relatadas. Más que nada como ejemplos de lo que no se debe hacer en ciencia.

La primera de los dos relatos surrealistas corresponde al atrevido artista británico Robert Cocking (1776-1837). Por ser políticamente correcto con su memoria, digamos que fue científico *amateur*. En 1802 vio el primer descenso en paracaídas, el de André Jacques Garnerin. Quedó tan entusiasmado con la demostración que comenzó a leer todo lo que podía, en especial las publicaciones del ingeniero *sir* George Cayley.

Sin formación científica alguna dedicó varios años a diseñar él mismo un paracaídas, una especie de cono invertido de 33 metros de diámetro en la base. El vértice del cono miraba hacia abajo y de ahí colgaba una cesta donde iba situado. Los grabados que hay sobre su descenso fatal muestran una imagen más parecida a un globo que a un paracaídas actual. Precisamente se lanzó desde un globo. Pidió permiso a los dueños del Royal Nassau y se llegaron a imprimir incluso pósteres para anunciar el evento, que sería el 24 de julio de 1837 en los jardines reales de Londres. Cientos de personas se agolparon para ver lo que sería su «primer descenso», como anunciaba el cartel. Y también el último. Comenzó subiendo rápidamente la velocidad, luego tuvo un parón, se dio la vuelta el paracaídas sobre sí mismo y a unos 60-90 metros se rompió sin remedio. Hubo un error de cálculo, como dijeron luego las personas que sí entendían del tema. El propio paracaídas tenía una masa de 113 kilogramos y no se había tenido en cuenta en los cálculos. Los paracaídas quedaron relegados durante años a espectáculos de circo, nadie quería acabar como aquel artista que murió con 61 años.

Tres litografías del experimento del paracaídas cónico de Cocking.

Hemos dejado lo mejor para el final, pero es posible que lo conozca, pues se trata de una historia que se ha viralizado en internet en los últimos años. Franz Reichelt (1879-1912) era un sastre austrohúngaro. No era ingeniero. No tenía estudios de Aerodinámica o Física. No tenía experiencia como inventor. Pero un buen día le dio por tirar muñequitos con paracaídas hechos por él mismo. Como era de esperar, no funcionaban, como un Airgamboy que tuve de niño con un paracaídas de plástico en la espalda. Aquello era todo un fiasco, lo tiré desde distintas alturas y nada de nada. Simplemente pensé que estaba mal diseñado, pero esa no fue la idea del sastre. El problema debía estar en que sus muñecos no movían los brazos, además de que pesaban poco. Nunca pensé eso de mis Airgamboys, la verdad. La solución de Reichelt: había que probarlo con una persona porque las personas sí mueven los brazos. Y qué mejor conejillo de indias que él mismo. Tampoco pensé eso con mi infancia, simplemente dejé de jugar con el Airgamboy. Pero

Reichelt pidió permiso para dejar caer un maniquí desde la primera planta de la Torre Eiffel, aunque fue él quien apareció con una extraña indumentaria, «como una capa con una enorme capucha de seda». Cuando los amigos que iban con él vieron su intención, procuraron disuadirlo. Incluso se cuenta que tuvo un altercado con algún policía o encargado del monumento. No entraba en razón, solo acertó a decir: «Veréis como mis 72 kilogramos y mi paracaídas refutan todos vuestros argumentos». Titubeó unos 30 segundos y saltó. Aquello fue un verdadero desastre y perdón por el juego de palabras (de-sastre). El sastre había convocado allí, además de a decenas de personas, a un equipo de grabación. Su absurda muerte fue grabada en vídeo y puede usted hoy verla por internet, con tranquilidad porque no es macabra ni se ve sangre. Dejó un agujero en el suelo de 15 centímetros de profundidad. Reichelt se dejó la vida de la manera más estúpida a los 33 años. «De lo heroico a lo ridículo no hay más que un paso», decía Simón Bolívar.

* * *

Volvemos pues a la ciudad de donde partimos en este recorrido por trágicas caídas. La sonada muerte del sastre Reichlet en la Torre Eiffel no es más que una de los curiosos decesos acaecidos en ese coloso metálico de 300 metros de altura. El primer suicidio ocurrió en 1891, mientras se construía, y fue la de un joven que se ahorcó en un pilar completamente desnudo. Dejó una carta con su testamento: su ropa era para Gustave Eiffel. En 1963 un amante de cabeza adornada lanza al vacío a su amada y desde más o menos esa fecha se colocaron redes para evitar accidentes. Y no ha sido suficiente, siguen produciéndose una media de doce intentos de suicidio al año. En la Torre Eiffel están inscritos los nombres de 72 científicos importantes. Todos estaban muertos en el momento de la construcción, excepto dos. No hay ninguna mujer, pero sí figuran algunos protagonistas de este libro: Antoine Lavoiser (guillotina), Henri Giffard (cloroformo), Charles-Eugène Delaunay (ahogamiento) y Marie François Xavier Bichat (caída). Si alguna vez visita París, no olvide levantar la cabeza para ver aquellos nombres.

El sastre Franz Reichelt poco antes de morir en su caída desde la primera planta de la Torre Eiffel.

PARA SABER MÁS

- Krausch, H. D., *Friedrich Sello, ein vergessener Pflanzensammler aus Potsdam*, «Zandera» 17(2): 73-76, 2002.

- Redacción, *Falleció ayer en Utica el doctor José Pablo Leyva*, «El Tiempo» (Colombia). 8 de agosto de 1962.

- Agencia, *Safety Lapse Suspected in Scientist's Diving Death*, «Los Angeles Times», 18 de febrero de 1999.

- Berkeley, M. J., *A. J. Corda–Obituary*, «The Gardeners' Chronicle», 21: 323–324, 1850.

- O'Connor, J. J.; Robertson, E. F., *Charles-Eugène Delaunay*, web «MacTutor History

- of Mathematics archive».

- *The National Cyclopaedia of American Biography*, Vol. XIX, p. 30. New York: James T. White & Company, 1926.

- Sprague, T. A., *Obituary - Mr. C. V. B. Marquand*, «Nature», 152, 322–323, 1943.

- Borri, C., *Dalle Americhe all'Europa: la sfortunata trasmigrazione degli erbari di Carlo Luigi Giuseppe Bertero (1789-1831)*, «Revista di studi letterari e culturali», 10, 2013

- P. G. H., *John Walter Gregory. 1864-1932*, «Obituary Notices of Fellows of the Royal Society», 1: 53–59, 1932.

- Ulam, S. M. (1991), *Adventures of a Mathematician*, University of California Press.

- Ferrer, I., *La engañosa belleza de los canales de Ámsterdam*, «El País», 21 de marzo de 2017.

- Capel, H., Urteaga, L., *El triunfo de la hidroelectricidad y la expansión de "La canadiense"*, «Scripta Vetera», 2: 13-81, 1994.

- Tucker, Edna Armstrong, *Benjamin D. Walsh-First State Entomologist of Illinois*, «Transactions of the Illinois State Historical Society», 27: 54–61, 1920.

- Ho, J.; Yuile, W. (1990), *The papers of Charles Valentine Riley: a register of his papers in the National Agricultural Library*, «National Agricultural Library».

- Editorial, *Obituaries, James Maxwell Fisher*, «Ibis», 113 (1):112-114, 1971.

- Editorial, *James Fisher, 58, Wildlife writer*, «New York Times», 29 de septiembre de 1970.

- Editorial, *Obituariy. Dr. Austin Roberts*, «Ibis», 90(4): 604-605, 1948.

- Browne, M. W., *Dr. Eugene Shoemaker, 69; Set Record for Finding Comets*, «New York Times», 19 de julio de 1997.

- Porco, C. C., *Destination Moon*, «Astronomy», febrero de 2000.

- Martin, W. E., *Resolution of Respect: Angus M. Woodbury, 1886–1964*, «Bulletin of the Ecological Society of America», 46(1): 26–29, 1965.

- Tanner, V. M., *Angus Munn Woodbury*, 1886–1964, «The Great Basin Naturalist», 25(3-4): 81–88, 1965.

- Altman, L. K., *Dr. Helen Taussig, 87, dies; led in blue baby operation*, «New York Times», 22 de mayo de 1986.

- Redacción, *Dr. Benjamin Lee, 42, of Fermilab; Noted Physicist Was Crash Victim*, «New York Times», 18 de junio de 1977.

- Dew, C. B., *Stranger Than Fact*, «New York Times», 7 de abril de 1996.

- Armaghan, S., *Robert Michael Dirks, one of five passengers killed in Metro-North crash, was accomplished scientist and devoted father*, «New York Times», 5 de febrero de 2015

- Love, Rhoda M., *Wilhelm Nikolaus Suksdorf (1850-1932) Pioneer Botanist of the Pacific Northwest*, «Pacific Northwest Quarterly», 89(4): 171-, 1998.

- Stetten, D., *The Blood Plasma for Great Britain Project*, «Bulletin of the New York Academy of Medicine», 17(1): 27–38, 1941.

- Pozzi, S., *Al menos seis muertos en un accidente de tren en Nueva York*, «El País», 4 de febrero de 2015.

- Clode, D. (2002), *Wakefield, Norman Arthur (1918-1972)*, «Australian Dictionary of Biography», vol. 16, p. 461, Melbourne University Press.

- Chisholm, Hugh (1911), *Tennant, Smithson*, «Encyclopædia Britannica», University Press.

- Sacristán, E., *Los gemelos MAGIC ya observan juntos el Universo*, «SINC», 30 de abril de 2009.

- Lavietes, S., *Dr. Zhong Wei Chen, Pioneer In Microsurgery, Is Dead at 74*, «New York Times», 27 de marzo de 2004.

- Olinto, A. V.; Truran, J. W.; Turner, M. S., Obituary: David Norman Schramm, «Physics Today», 51(7): 81–82, 1998.

- Kolb, E. W.; *Turner, M. S., Obituary: David N. Schramm (1945–97)*, «Nature», 391: 444, 1998.

- Pace, E., *David Schramm, 52, Expert on the Big Bang*, «New York Times», 22 de diciembre de 1997.

- Editorial, *Obituary. John Hopkinson, 1849-1898*, «Minutes of the Proceedings of the Institution of Civil Engineers», 135(1899): 338-349, 1899.

- Hall, B. K, *Francis Maitland Balfour (1851–1882): a founder of evolutionary embryology*, «Journal of Experimental Zoology Part B: Molecular and Developmental Evolution», 299(1): 3–8, 2003.

- Polanco, A., *La loca y mortal idea de Robert Cocking*, blog «Tecnología obsoleta».

- *«Chute mortelle de l'inventeur d'un parachute»*, Le Temps, 5 de febrero de 1912.

- Housheng, Y., *China's Hand Surgery Leads the World*, «Beijing review», 33(5-6), 1990.

- Kean, S. (2012), *La cuchara menguante*, Ariel.

- Turner, M. (2009), *David Norman Schramm 1945-1997. A Biographical Memoir*, National Academy of Sciences, Washington.

CAPÍTULO 5

El herpetólogo que redactó su muerte en un diario y otros casos de personas víctimas de la naturaleza salvaje

Como en el capítulo anterior seguimos con situaciones de mala suerte. Por ejemplo, lo peor que hizo el físico alemán Georg Wilhelm Richmann (1711-1753) fue dedicarse a la electricidad atmosférica tras leer los escritos de Franklin y morir electrocutado a los 42 años por la descarga en su cabeza cuando experimentaba con una varilla. Algunos vieron aquí un acto heroico. El propio Joseph Priestley llegó a decir: «No se le da a todo electricista [científico] la muerte del justamente envidiado Richman». No comparto su envidia, pero la puedo entender. La naturaleza es salvaje. No solo las inclemencias del tiempo pueden acabar con nosotros, también los seres vivos. Pensemos en los elefantes, uno de los animales más hermosos que existen. A pesar de su tamaño, son fácilmente controlables y esto les ha supuesto problemas

Grabado del experimento de cometas de Benjamin Franklin, 1881.

a muchos individuos. Han sido utilizados indiscriminadamente para la guerra, esclavizados en circos e incluso electrocutados para diversión de los hombres, como la famosa elefanta Topsy. A la pobre le dieron casi medio kilogramo de zanahorias rellenas con cianuro y a continuación una descarga eléctrica. Lo vieron 1.500 personas en directo y se trató de una disputa entre Edison y Tesla, más relacionada con el dinero y el orgullo humano que con la ciencia.

Por contra, han muerto domadores y exploradores bajo la fuerza descomunal de estos mamíferos, que son los animales terrestres más grandes del planeta. Y los científicos no van a ser menos. Johan August Walberg (1810-1856) era un químico arrepentido sueco, especializado en asuntos forestales. Poco después de cumplir los veinte años se embarcó en una aventura expedicionaria con Carl Henrik Boheman, un importante naturalista del momento. Pasó un año entre Suecia y Alemania con fines de investigación forestal y a partir de 1838 iría al sur de África, desde donde enviaría miles de especímenes a Suecia para su estudio. Poco después decidió dedicarse a la caza de elefantes para costear su actividad naturalista con el marfil recogido. A partir de aquí vivió experiencias propias de una película de aventuras. Es difícil, si no imposible, despojarnos de nuestra visión actual para mirar con perspectiva y no ver en Walberg un perverso asesino de elefantes. En aquella época y por donde él iba no se tenía esta percepción. Muy posiblemente, y aunque estuviese equivocado, tendría la idea de que hacía un bien para la ciencia y la humanidad. Pero la naturaleza le pasaría factura. Estuvo persiguiendo un elefante herido en el río Boteti, en Botsuana, cuando el animal lo pisoteó hasta la muerte. Murió con 45 años, el 6 de marzo, en una época en la que no había Facebook, así que la noticia de su muerte tardó en llegar a Suecia. Tanto que el 8 octubre fue elegido miembro de la Academia Real Sueca de las Ciencias, con lo que se convirtió en el único miembro fantasma de tan distinguida academia.

Una fotografía de prensa de la electrocución,
el 4 de enero de 1903, de Topsy.

Estas son las historias del capítulo que cierra el libro, relatos de científicos que han muerto a causa de las fuerzas de la naturaleza, los volcanes, los huracanes, los terremotos y, por supuesto, algún que otro animal.

CAZATORMENTAS Y OTROS CIENTÍFICOS ATREVIDOS

El propio Universo es un enorme laboratorio de proporciones inmensas. Estamos subidos en parte de ese gran laboratorio, la Tierra, y todos los fenómenos que ocurren en ella. Entre estos fenómenos, los desastres naturales son una importante fuente de información para entender el mundo donde vivimos y poder prevenir todo tipo de hecatombes:

terremotos, tormentas, tsunamis, volcanes, etc. En 1993 las Naciones Unidas organizaron un taller para la reducción de los desastres naturales en Pasto, Colombia. Allí se reunieron quince vulcanólogos de varios países. Se buscaba la mejora en el monitoreo y evitar desastres relacionados con uno de los volcanes más peligrosos de toda América: el Galcras.

El 14 de enero los setenta científicos que conformaban el taller fueron divididos en seis grupos. Al final de la mañana en la cresta del volcán solo quedaba uno de trece vulcanólogos con Stanley Williams al frente. En torno a las 12:30 dos de ellos ya habían terminado su trabajo y comenzaron el descenso. Una hora después Williams recomendó al resto que era momento de dar por finalizado ese día el trabajo de recogida de muestras. Pero Williams notó un temblor en el cráter y gritó a todos que salieran corriendo. Los miembros del equipo contarían después que oyeron como el ruido de un trueno de dimensiones colosales, más que una explosión. Y salieron despedidas rocas de más un metro de tamaño, además de una viscosa lava.

Como en un campo de batalla, algunos lograron ocultarse detrás de grandes rocas; otros eran alcanzados por alguno de aquellos proyectiles asesinos que les ocasionaron heridas de consideración; y también estaban los que necesitaron rodar para apagar el fuego que la ceniza incandescente provocaba en sus ropas. Aquellos que habían sufrido traumatismos incapacitantes tuvieron que esperar varias horas escondidos hasta que vinieron a rescatarlos. Increíbles quemaduras en las manos, piernas destrozadas, manos amputadas y, por desgracia, varias bajas. Murieron seis vulcanólogos y tres turistas. Stanley Williams perdió masa encefálica, pero salvó su vida. «No quiero morir, no quiero perder a mi esposa ni a mis hijos», pensó Stanley. «Me volví y corrí tan rápido como pude, no lo hice muy lejos, solo unos 20 metros», continuó diciendo en una entrevista telefónica. Fue rescatado por dos compañeras que no esperaron a los equipos de rescate. Tuvo que soportar las críticas por haber permitido la toma de muestras en el cráter. La hija geóloga de uno de los fallecidos llegó a afirmar: «Los volcanes son como seres humanos, cada uno es diferente del otro, se comportan de forma diferente».

La historia anterior no es ningún chiste. Seis vulcanólogos que habían ido a un taller internacional de vulcanología fallecieron en pocos minutos tras la atronadora erupción del volcán que estaban estudiando. Murieron por la ciencia para intentar salvar las vidas de otros. Seis héroes de la ciencia: Geoff Brown, Igor Menyailov, Fernando Cuenca, José Arley Zapata, Carlos Trujillo y Néstor García.

* * *

Tener el privilegio de andar por las calles de Pompeya es andar por una ciudad que ha quedado congelada en el tiempo durante dos mil años. El 25 de agosto del año 79 entró en erupción el volcán del monte Vesubio y sepultó esta ciudad, además de otras cercanas a Nápoles. Nos ha llegado así constancia del relato más temprano de un volcán de mano de Plinio el Joven, en una carta al historiador romano Tácito. Él mismo fue un testigo ocular del suceso desde el cabo de Miseno, a unos 35 kilómetros del volcán. La carta respondía a una petición del historiador respecto a qué ocurrió con su tío Plinio el Viejo (23-79). «A mi tío, como hombre sabio que era, le pareció que se trataba de un fenómeno importante y que merecía ser contemplado desde más cerca», escribía el Joven. Las circunstancias exactas de su muerte no se conocen, pues, a pesar de que el sobrino culpó a los gases inhalados, otros que lo acompañaron no corrieron la misma suerte. Simplemente vieron que perdía fuerzas y que se desmoronaba. Cuando recuperaron el cuerpo, a los pocos días no presentaba lesiones aparentes de ningún tipo. Tal vez sufriera un golpe imperceptible en el momento o fuese un infarto lo que acabó con él. Lo que sí está claro es que Plinio el Viejo, con su afán por el conocimiento, se convirtió en el primer «científico» que murió por causa de una erupción volcánica, con 56 años. En la literatura científica, los dos Plinios han sido inmortalizados con un tipo de erupción denominada erupción pliniana. Se trata de fenómenos muy similares al del Vesubio del 79, en los que se da un alto grado de explosividad y se expulsan grandes volúmenes de gas volcánico, fragmentos y cenizas.

La muerte de Plinio. Ilustración de *Histoires des météores*, 1870.

Pasarán casi dos mil años hasta que vuelva a aparecer un caso interesante, aunque también trágico. El 18 de mayo de 1980 se produjo la erupción del volcán del monte Santa Helena, en Washington. Desde marzo los sismógrafos empezaron a dar la voz de alarma y la semana antes de la tragedia había una media de 55 terremotos diarios. Aunque se consiguió evacuar a gran parte de la población, no toda la gente se dio por aludida. Por ejemplo, el posadero Harry Truman se negó a abandonar su hogar. Los que sí acudieron allí fueron los vulcanólogos y otros especialistas. Uno de ellos fue el estadounidense David Alexander Johnston (1949-1980), que trabajaba para el Servicio Geológico de los Estados Unidos (USGS). En su juventud tomaba fotografías para el periódico de la madre y estuvo a punto de ser periodista. Un curso introductorio de Geología lo atrapó y un proyecto sobre restos de volcanes antiguos lo enamoró para siempre. En 1971 terminó sus estudios y en 1978 finalizó su doctorado. Dos años después sería el primero en monitorear las emisiones de gases del monte Santa Helena. La erupción podría ser inminente, así que los especialistas estaban muy atentos. Se colocaron reflectores sobre la cúpula para medir los cambios de volumen y se instalaron dos puestos de observación, Coldmater I y Coldmater II. Se logró medir un crecimiento de la protuberancia de 2,4 metros al día.

La última fotografía que se conserva de David Alexander Johnston, en su puesto de control, mientras sustituía a un compañero, poco más de 12 horas antes de la erupción del volcán Santa Helena.

El 18 de mayo no le tocaba estar allí, pero su compañero Harry Glicken necesitaba que le cambiara el turno, así que se dirigió a su puesto Coldmater II, a 10 kilómetros del cráter. Estaba convencido de que los científicos debían tomar riesgos para proteger a la población de los desastres naturales; de hecho, fue el que dio la voz de alarma de que la erupción había comenzado. Lo hizo por radio y fueron sus últimas palabras antes de ser alcanzado por el flujo piroplástico. Nunca se encontró su cadáver, solo una gruesa capa de cenizas y los restos de su remolque. Tampoco se encontró el cadáver del testarudo posadero. Cincuenta y siete personas perdieron la vida, la mayoría asfixiada, aunque también los hubo por quemaduras. Una víctima acabó enterrada en cenizas dentro de su Volvo 144 y sería rescatada cuatro días después. Se trataba del fotógrafo de *National Geographic* Reid Blackburn (1952-1980). El vulcanólogo Johnston pereció con 30 años, mientras que el fotógrafo Blackburn con tan solo 27.

El Volvo 144 de Reid Blackburn después de la
erupción del volcán Santa Helena.

Harry Glicken (1958-1991) fue el compañero que le cambió el turno a Johnston. Nunca se perdonaría el no ser él mismo quien pereciera bajo la furia del Santa Helena. Entonces era estudiante y pidió el cambio de turno para poder realizar una entrevista con uno de sus profesores. Su papel en el volcán de Washington fue fruto de un contrato temporal con la USGS, pero luego no seguiría allí como personal de la plantilla. Sí fue contratado por Berry Voight, tío de la actriz Angelina Jolie, todo sea dicho de paso. Voigh trabajaba en el contexto de los deslizamientos de tierra y llevó un equipo a los restos del Santa Helena. El estudio de los desechos del volcán sirvió para varias publicaciones y se ha convertido en un ejemplo para el resto de geólogos del mundo de su especialidad. Nada más terminar su doctorado, en el año 1991, viajó a Tokio para investigar el monte Unzen. Lo sé, se palpa la tragedia.

Monte Unzen.

Los valientes y pioneros Katia y Maurice Krafft.

Tanto el Galeras como el Vesubio son volcanes que forman parte de la lista de los dieciséis «volcanes de la década», al menos así como fueron nombrados en los años 90. Otro de la nómina es el monte Unzen, en Japón. El volcán del monte Unzen llevaba doscientos años inactivo. En 1792 ocasionó 14.500 muertes. En 1990 comenzó a dar señales de su despertar, por eso fueron Glicken y otros especialistas. Hubo 12.000 evacuados, pero tres vulcanólogos entraron en una zona peligrosa. A Glicken lo acompañaban un matrimonio francés de geólogos muy experimentado en fotografía al pie de los volcanes. Las fotografías de Katia Krafft (1942-1991) y los vídeos de Maurice Paul Krafft (1946-1991) hicieron que la tragedia colombiana de Armero de 1985 se aliviara de alguna manera. Y es posible que el lector recuerde que fue un verdadero desastre, con esa niña atrapada en el agua y sujeta a un tronco mientras se le iba la vida en sus pies. Pues podría haber sido mucho peor. Volviendo a Japón, Maurice Paul llegó a decir el día antes de la erupción del monte Unzen: «Nunca tengo miedo, porque he visto tantas erupciones en 23 años que, incluso si muero mañana, no me importa». No se equivocó.

Al entrar en una zona delicada la mortífera montaña lanzó un flujo piroplástico que acabó con la vida de ellos tres y de otras 41 personas. Katia, Maurice y Harry, de 49, 45 y 33 años, respectivamente. Héroes de la ciencia.

* * *

Han pasado más de veinte años desde la última muerte documentada de un vulcanólogo mientras trabajaba, pero hay científicos que siguen jugándose la vida a diario para poder salvarnos de los desastres naturales. El ingeniero norteamericano Tim Samaras (1957-2013) murió con 55 años por el azote de un tornado en Oklahoma el 31 de mayo de 2013. Su hijo fotógrafo de 24 años lo acompañaba, además del meteorólogo extremo Carl Young, de 45 años. Todos miembros del proyecto TWISTEX, fundado por Samaras para investigar los tornados y dar respuesta a las personas sobre cómo y cuándo actuar. El coche equipado de TWISTEX fue lanzado a casi un kilómetro por un vórtice secundario por vientos que alcanzabas los 400 kilómetros por hora. Samaras fue muy famoso por sus documentales *Cazadores de tormentas*. Algunos piensan que son unos pirados al estilo *Jackas* y no dudo que habrá por ahí algún cazatormenta que solo busca gastar adrenalina y flirtear con la muerte. Pero Samaras y su equipo hacían un verdadero trabajo de investigación científica. La propia organización *National Geographic* (uno de sus mecenas) dijo ante su desaparición:

«Tim era un científico valiente y brillante que sin temor persiguió tornados y relámpagos en el campo, en un esfuerzo por comprender mejor estos fenómenos».

La Asamblea General de las Naciones Unidas designó el 13 de octubre como el Día Internacional para la Reducción de los Desastres. En 2004 el lema fue «Aprendiendo de los desastres de hoy para las amenazas de mañana». Cuando el calendario marque esa fecha recuerde a todas esas personas que dieron su vida a la ciencia para que otros pudieran salvarse.

Estado en el que quedó el Chevrolet Cobalt
del cazatormentas Tim Samaras.

EL HOMBRE CENTENARIO
INMUNE A LAS SERPIENTES

Las serpientes ocupan el tercer puesto de nuestro *top* 3 de seres vivos asesinos. Mientras escribo este libro leo una noticia que da algo de grima: a un señor llamado Miloud le ha mordido en el labio una víbora. Miloud es un encantador de serpientes y en verano viene de las montañas de Marruecos a la costa con cuatro víboras y tres músicos para ganar dinero. Pone las víboras en los hombros de los turistas para que se hagan fotos. Entre ellos hay niños, por supuesto. Pero un descuido, un mal movimiento hace que una de sus criaturas le muerda en el labio. Rápidamente pierde el conocimiento, empieza a echar espuma blanca por la boca y muere en tres minutos ante los móviles de los turistas con afán de *like* en Facebook.

No es un hecho aislado, todos los años ocurre con los encantadores o con personas el cualquier parte del mundo que manejan serpientes de manera insegura o que simplemente tienen mala suerte. Es difícil saber el número, pero se estima que se ocasionan entre 50.000 y 100.000 muertes de humanos al año por mordeduras o ataques de serpiente. Por supuesto no hay muchas bajas entre los herpetólogos, a pesar de ser una profesión de riesgo. Vamos a ver algunos casos documentados en el último siglo.

Encantador de serpientes en Marrakech.

LA FOTOGÉNICA BIBLIOTECARIA
DOMADORA DE SERPIENTES

El 29 de enero de 1927 una bibliotecaria de la Biblioteca Pública de Mineápolis envió una carta a John McCutcheon, presidente de la Sociedad Zoológica del zoo de Brookfield. En la misiva, una mujer ya entrada en los cuarenta solicitaba un puesto como cuidadora de serpientes. Parece que no fue muy escuchada, pues tuvo que mandar otra solicitud en mayo de 1933 al director del zoo, Edward Bean. La mujer era Grace Olive Wiley (1883-1948) y la propuesta que hacía no era desdeñable: donaría su colección privada de 115 especies y 330 individuos, además de varias jaulas especiales. Era algo extraño ver a una mujer de cuidadora en aquella época, pero también era raro que tuviese todo ese bagaje con los ofidios, así que fue contratada.

Trabajó durante dos años en el zoológico, rodeada de todo tipo de controversias, pues sus métodos de trabajo con las manos desnudas se traducían como una innecesaria temeridad. Protagonizó 19 escapes de serpientes a los que ella siempre restaba importancia. Tenía claro que la mejor forma de controlar sus serpientes era mediante el trato cariñoso, una voz suave y movimientos calmados. Siendo amable y respetando largos periodos de silencio junto a sus animales es como lo consiguió todo. Con sus métodos acumuló un interés mediático fuera de lo común. Uno de los titulares decía: «La amabilidad de la mujer vence a las serpientes mortales en el zoo de Brookfield».

Pero el director Bean perdió la paciencia en septiembre de 1935, pues el seguro de responsabilidad civil aumentó por encima del sueldo de la cuidadora. Demencial en aquella época. La salida del zoo le sirvió para iniciar su carrera en solitario. Organizó una exposición titulada «Reptiles de Grace Wiley», un nombre que puede parecer simplón, pero que ya era una marca en sí mismo. La muestra en Cypress, California, hoy se calificaría de temeridad, pues dejaba que las visitantes posaran para hacerse fotos con las serpientes, incluidos niños de todas las edades. Hablamos de las serpientes más peligrosas: cobras reales, serpientes tigre, víboras de Gabón, búngaros, serpientes de cabeza de cobre y de cascabel. Obviamente y como cualquier persona, necesitaba alimentarse, así que cobraba cierta cantidad por las imágenes.

Apareció en varios periódicos y revistas mostrando sus habilidades y algunas serpientes fueron artistas de la industria cinematográfica. En 1944 dio otro paso en su carrera trasladando su exposición a un jardín zoológico y comenzaría a presidir la recién inaugurada Sociedad Zoológica de Long Beach. El matrimonio compuesto por Jule Junker Mannix y Daniel Pratt Mannix, conocidos en la industria cinematográfica, estuvieron en la exposición en más de una ocasión. Dan quedó fascinado con aquella extraña mujer y en 1948 quiso tomar algunas fotografías para su revista, con una cobra india. La imagen de una cobra con la cabeza alzada y con el cuello distendido lateralmente nos viene a todos a la cabeza. A esa distensión se le llama capuchón o sombrerete y no lo muestran las cobras en cautividad, que son las que tenía Wiley. Pero Dan quería fotografías llamativas con una cobra y su capuchón, así que tuvieron que recurrir a individuos salvajes. Utilizaron un ejemplar recién importado con el que Grace estaba encantada, pues en la parte posterior de la cabeza tenía una marca que se asemejaba a una «G» y que parecía ser la inicial de su nombre. La herpetóloga era miope y le gustaba lucir bien en las fotos, así que se quitaba las gafas siempre que hubiera una cámara presente.

Por otra parte, cuando tenía el primer contacto con un ejemplar no cautivo lo dejaba que jugara con sus manos para que pudiera hacerse con su olor y tomara confianza. El cóctel de muerte estaba servido. Sin darse cuenta mordió su dedo índice. Había solo un suero antiveneno, pero el vial se rompió y no pudieron administrárselo. Una ambulancia la llevó al Hospital de Long Island, donde falleció una hora y media después del mordisco fatal. Fue un cúmulo de circunstancias e imprudencias que acabaron con la vida de la antigua bibliotecaria a los 64 años. En el libro *Casada con la aventura* de Jule Mannix quedó inmortalizado el trágico momento que sufrió la primera persona que consiguió criar serpientes cascabel en cautividad.

La cobra india que acabó con la vida de Grace Wiley.
Obsérvese la «G» en la parte trasera de la cabeza.

UN RATICIDA EFICAZ

Kevin Budden (1939-1950) no era más que un herpetólogo *amateur* que comenzó a asomar la cabeza desde su adolescencia. Con tan solo 18 años ya había capturado 59 serpientes y había sido mordido en cinco ocasiones. Es conocido por ser una de las primeras personas en capturar un taipán vivo. El taipán es una especie endémica de Australia. Es la serpiente terrestre más venenosa del mundo. Tanto es así que un solo un mordisco puede acabar con 125 personas o 253.000 ratones. Un buen raticida natural sí que es. Su veneno es neurotóxico, lo que significa que su acción va dirigida hacia el tejido nervioso y produce parálisis muscular y muerte por parada cardiorrespiratoria. Lo bueno es que suele ser rápido y sin síntomas de dolor. El joven australiano estaba realmente concienciado con este tipo de ofidios, pues, como se ha señalado, son comunes en su país. Con el fin de investigar un antídoto, en marzo de 1950 realizó un viaje exploratorio a Queensland con dos amigos. El 27 de julio un taipán de casi dos metros mordió su pulgar izquierdo. El muchacho tuvo el valor de terminar de atrapar al asustado individuo para embolsarlo y que fuese enviado a Melbourne para la búsqueda del antídoto. Como dijo el especialista en venenos Bryan Fry de la Universidad de Queensland en una entrevista de 2014, este tipo de acciones para mejorar la humanidad hacen de Budden un verdadero héroe. Un héroe de la ciencia que murió paralizado con solo 19 primaveras.

Oxyuranus scutellatus.

De izquierda a derecha: Roy Mackay, Neville Goddar y Kevin
Budden, en abril de 1949, durante la expedición de Queensland.

DIARIO DE UNA MORDEDURA LETAL

En el año 2015 la iniciativa «Science Friday» junto con el
Museo Field de Historia Natural de Chicago realizaron un
vídeo sorprendente de siete minutos sobre el fatal desenlace
de un cuidador de serpientes. Su título tomaba el titular de
portada del *Chicago Daily Tribune*, del día 3 de octubre de
1957: *Diario de una mordedura letal de serpiente*. El protagonista
del diario era Karl Patterson Schmidt (1890-1957), cuidador
de serpientes del Museo Field. Geólogo de formación,
participó en varias expediciones internacionales para recoger
especímenes y pasó por varias ocupaciones, incluyendo una
breve participación en la armada norteamericana. Una
vida llena de experiencia que le hizo creerse inmune a la
mordedura de un joven ejemplar de *boomslang*, pues creía
que la dosis no era letal. Así que se puso manos a la obra
y comenzó a escribir un minucioso diario con todos los
síntomas que iba apreciando.

Portada del *Chicago Daily Tribune* del 3 de octubre de 1957, con la noticia de los apuntes tomados por Karl Patterson Schmidt durante las 15 horas de su agonía.

El mordisco se produjo el 25 de septiembre. Acto seguido se montó en el metro, donde aparecieron los primeros síntomas sobre las cinco de la tarde. «Fuertes náuseas, pero sin vómitos», dice el diario. Durante la hora siguiente anota: «Fuertes escalofríos y temblores, seguido de fiebre que no persiste. [...] Sangrado de la mucosa de la boca, parecen ser las encías». En las horas siguientes reporta un pequeño sangrado en la orina. Durante la madrugada, dolores abdominales, náuseas y vómitos, aunque consigue dormir algo. A las 6:30 de la mañana desayuna sin problemas cereales, huevos, tostadas y café, todo un ágape para estar moribundo. El día anterior dijo que volvería al trabajo, pero no fue así. A las dos de la tarde entró en estado de coma y se lo llevaron al Hospital Ingalls Memorial, donde fue dado por muerto a las 15:15 del día 26 de septiembre de 1957. Una muerte terrible en una edad de jubilación, 67 años. Los venenos de serpiente, con alguna excepción, se dividen en dos grupos: los que presentan neurotoxinas y los que presentan hemotoxinas. El caso de la serpiente boomslang es el segundo. Las hemotoxinas destruyen los glóbulos rojos y producen tantos coágulos que se acaba precisamente con la capacidad de coagulación de la sangre. El afectado por tanto se desangra por los riñones, los pulmones, el corazón y el cerebro, hasta que se produce parálisis del sistema nervioso central. En el caso Schmidt, la autopsia reveló que la muerte se produjo por hemorragia cerebral. Una muerte heroica por su recogida de datos. Algunos de los síntomas, aunque con cierto desatino, se recogen en el libro *Muerte en las nubes* de Agatha Christie, donde un personaje es asesinado por veneno de boomslang en el interior de un avión en vuelo.

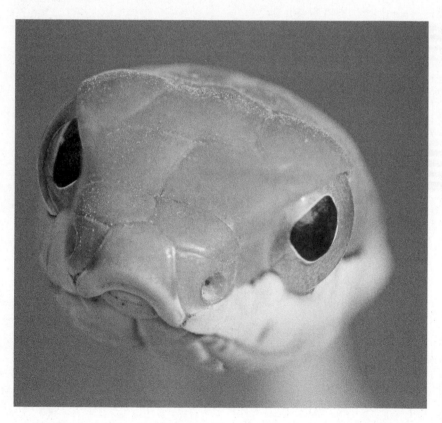

Dispholidus typus (boomslang o culebra arborícola de El Cabo).

QUÉ DESCANSADA VIDA LA DEL QUE
HUYE DEL MUNDANAL RUIDO

Estamos viendo que la posibilidad de morir por la mordedura depende de dos factores: de que el ofidio no se haya criado en cautividad y de que no se tenga una rápida asistencia médica. Al neoyorquino Joseph Bruno Slowinski (1962-2001) se le cruzaron las dos variables. Tras una licenciatura en Biología, se doctoró en 1991 en Herpetología. Era un experto, no un aficionado como en otros casos. Fundó la primera revista *on line* de herpetología, *Contemporary Herpetology*.

Con 4 años ya comenzó su afición por las serpientes en Kansas City y sería mordido por una serpiente de cascabel, una cobra y una serpiente de cabeza de cobre. En todos los casos, un tratamiento eficaz le hizo no tener demasiadas complicaciones. «Jo» estaba fascinado con el paisaje de la República de la Unión de Myanmar (antigua Birmania), así que llegó a participar hasta en once expediciones. En la última tuvo un percance del que no saldría. Estaba especialmente interesado en el estudio de la krait multi rallada de Taiwán (*Bungarus multicinctus*). Un compañero le pasó una bolsa con una serpiente y pensó que se trataba de una inofensiva *Lycodon rufozonatum*, que es una especie que se mimetiza para parecer una *bungarus*. Pero no fue el caso, se trataba realmente de la muy venenosa *bungarus*. Al meter la mano se sintió amenazada y le mordió un dedo. Se encontraba cerca de la frontera entre Birmania y China, muy alejado de la civilización y con difíciles accesos. Se intentó la evacuación por helicóptero hacia un hospital, pero las inclemencias meteorológicas no lo permitieron. Las neurotoxinas hicieron su cometido y en 30 horas lo paralizaron hasta que dejó de respirar. Tenía 38 años, era un experto y murió por acercarse a un animal no cautivo y lejos de un hospital, en un paisaje precioso, ¡qué ironía! Como diría el místico, «qué descansada vida la del que huye del mundanal ruido». Y tanto.

TRES MUERTES Y EL HOMBRE CENTENARIO

No es tan común que un herpetólogo muera por la mordedura de una serpiente, aunque esté dando otra sensación. Hay otros casos que nos dejamos en el tintero: Frederick Shannon (1921-1965) murió con 44 años por la mordedura de una cascabel del Mojave (*Crotalus scutulatus*); mientras intentaba capturarla, Bobby Witcher (1916-1966) falleció a los 50 por el mordisco letal de una *Agkistrodon piscivorus* en los pantanos de un refugio de Missouri; y Robert Mertens (1894-1975) agonizó durante 18 días después de ser atacado por una *Thelotornis capensis*, con síntomas parecidos a los que produce la boomslang (*Dispholidus typus*). Mertens murió algo mayor, con 80 años.

Pero quien se lleva la palma es Bill Haast (1910-2011), que llegó nada menos que a los 100 años. Llegó a batir el récord en 2008 por haber sido mordido 173 veces por diferentes serpientes. A pesar de que fue aplaudido por ello, a él no le agradaba lo más mínimo, pues el objetivo de un herpetólogo no es precisamente que le muerda una serpiente, sino todo lo contrario. Con 15 años ya sabía extraer veneno y al año siguiente decidió que la escuela no era para él. Más adelante estudiaría Mecánica Aeronáutica y llegaría a servir en la Segunda Guerra Mundial, momento que aprovechó para traerse algunos especímenes de Sudamérica, África e India. Durante casi 40 años mantuvo el Serpentarium, con unas 500 especies diferentes, que cerró cuando un niño 6 año murió después de ser lanzado contra la pared por uno de sus cocodrilos. Durante ese tiempo extrajo veneno de serpiente unas 60 veces al día y donó grandes cantidades para la investigación. Su organismo llegó a crear inmunidad a algunos venenos. Incluso se inoculaba él mismo cantidades crecientes de toxinas para crear los anticuerpos. Su sangre se utilizó como suero, y se estima que sirvió para salvar la vida de más de 20 personas. Murió con 100 años. Fue un héroe de la ciencia en vida.

El caso del encantador de serpientes Miloud no es aislado. Manejar serpientes para espectáculos y con falta de preparación es muy peligroso. Incluso cuando se hace por amor a ellas y se tiene experiencia. En el año 2011 se publica una noticia más escalofriante que la de Miloud. El titular era: «El dueño del santuario de serpientes Luke Yeomans muere por la mordedura de una cobra». Yeomans estaba preparando su King Cobra Sanctuary para abrirlo al público en el fin de semana, en Eastwood. Yeomans no era más que un amante de las serpientes. Cogió la primera con siete años y a los 16 abrió su primera tienda de mascotas. Con respecto a su forma de vida dijo una vez: «La gente dice que estoy loco, pero esto es mejor a que la gente diga que eres malo. Pienso que lo que hago es bueno». Para ser un héroe de la ciencia deben sumarse al menos dos condiciones: dedicar la vida a la investigación seria y que esta tenga un objetivo provechoso para el ser humano. Casi los cumple. El problema es que su forma de trabajo fue más *amateur* que científica. Niños, lo siento, hay que estudiar.

LA CIENCIA EN LA ERA DE LA POSVERDAD

El segundo puesto de nuestro *top* 3 de seres vivos mortales para los seres humanos son los propios seres humanos. Ya en otros capítulos hablamos de cómo somos mortíferos para nuestra propia especie, con las guerras, el odio, las envidias, la autodestrucción, etc. Al final de capítulo podemos contar aquí dos casos bastante sorprendentes a este respecto.

Vamos a pasar pues al primero de los puestos del *top* 3 de los seres vivos mortíferos. No lo ocupan los tiburones, ni los leones, tampoco los cocodrilos o los escorpiones. Arriba del podio encontramos nada menos que a los mosquitos. Tal como suena. Una curiosa casualidad nos lleva a dos estadísticos que murieron por infecciones producidas por mosquitos. Se trata del británico George Richardson Porter (1792-1852) y del escocés Robert Wedderburn (1947-1975). Si bien es cierto que se puede producir una septicemia por la picadura de un insecto, es interesante enfocar hacia otra dirección. Las picaduras de insectos nos transmiten todo tipo de enfermedades por las que es posible perder la vida. Algunas de las más famosas son: el dengue, la malaria, la fiebre amarilla, la chikunguya y el zika. Se estima que mueren al año 750.000 personas en todo el mundo por causa de una picadura.

LA CÍCLICA MALARIA

En la gran mayoría de muertes provocadas por mosquitos está presente la malaria. La malaria o paludismo es una enfermedad parasitaria, en la que el responsable es un parásito del género *Plasmodium*. Los vectores de la enfermedad son varias especies de mosquito del género *Anopheles*. La única forma de transmitir la enfermedad es mediante la picadura, además de la vía placentaria hacia el feto o por una transfusión de sangre de donantes infectados. Los síntomas incluyen fiebres, anemia, heces con sangre, escalofríos, convulsiones, dolores de cabeza y musculares, náuseas y vómitos, ictericia y coma. El *Plasmodium* es un parásito que presenta un ciclo con más de una forma. La hembra del *Anopheles* es portadora de los esporozoítos en sus glándulas salivares y los deposita mientras pican (solo pican las hembras). A continuación, los esporozoítos migran hacia el hígado del interfecto. Allí se multiplican con gran rapidez mediante división asexual múltiple hasta convertirse en merozoítos. Entonces entran en el torrente sanguíneo. Aquí empiezan a liarla, pues cada merozoíto busca un glóbulo rojo en el que alojarse, para seguir con una división endiablada que culmina con la muerte celular del glóbulo rojo, literalmente reventando. Y es como una reacción nuclear, pero a lo biológico, pues lo merozoítos resultantes buscan otros glóbulos rojos donde dividirse. Solo algunos merozoítos se transforman en gametocitos femeninos y masculinos. En ese momento dejan de dividirse. Tras esto viene lo curioso de este bichito: una hembra no infectada pica a un enfermo y se lleva puesto algunos gametocitos, con lo que se inicia el ciclo sexual en el intestino de la *Anopheles*, pues es donde los gametos hacen sus cositas para formar un huevo, que se dividirá, formará esporozoítos y a empezar de nuevo. Todo un plan maligno que parece haber sido perpetrado por una mente diabólica, pero que no son más que mecanismos que la evolución ha ido perfeccionando durante millones de años.

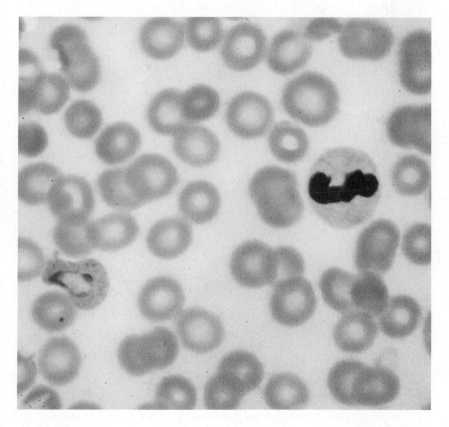

Glóbulos rojos normales e infectados por el parásito *Plasmodium*.

Larvas de *Anopheles*.

A continuación, vamos a reseñar por orden cronológico cuatro científicos que murieron de malaria, todos ellos con alguna especialidad relacionada con la biología.

El holandés Jan Swammerdam (1637-1680) estudió Medicina para luego dedicarse a la anatomía de los insectos usando un microscopio diseñado y construido por él mismo. Es más, fue el primero en usar el microscopio para realizar disecciones de insectos. Swammerdam demostró que las fases de huevo, larva y pupa corresponden al mismo animal, no son distintos individuos. Estableció así una analogía entre la metamorfosis de la rana y de los insectos. También demostró que la reproducción de los insectos es similar a la de otros animales. En su destacable obra *La historia natural de los insectos* (1669) realiza un importante estudio de la anatomía de estos animales. Comunicó por primera vez que la abeja reina tiene ovarios, además de ser la única madre de la colonia. Se convirtió en inspiración de muchos neurofisiólogos, pues en un experimento histórico sacó el corazón de una rana y consiguió producirle contracciones tocando ciertas zonas del cerebro. Un auténtico pionero que murió de malaria a los 43 años.

El famoso naturalista Carlos Linneo tenía un séquito de exploradores por el mundo que les enviaban muestras de todo tipo. Eran la mano atrevida de Linneo, los que se jugaban el cuello a pie de campo. En este libro ya han aparecido dos: Johan Peter Falk y Daniel Solander. Entre los otros diecisiete apóstoles de Linneo estaba el naturalista sueco Peter Forsskal (1732-1763), que había sido alumno suyo en Upsala. Un grupo de seis especialistas fueron a una expedición a Arabia: un filólogo y etnólogo conocedor del árabe, un matemático y cartógrafo, un médico, un ilustrador, un militar y el naturalista. Como en las buenas películas de aventura, distintas disciplinas para salir de cualquier apuro. Pero caerían todos, menos uno. No fue Forsskal, pues contrajo malaria y murió a los 31 años, algo que Linneo lamentó terriblemente. El único que salió vivo fue el matemático Carsten Niebuhr, que moriría en

1815 con nada menos que 82 años, todo un anciano para la época. El escritor danés Thorkild Hansen convirtió en novela la nefasta pero interesante expedición en 1962, bajo el título *Arabia Felix: la expedición danesa de 1761-1767*.

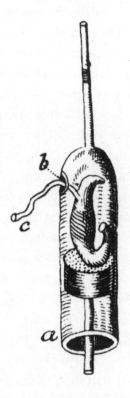

Ilustración de una preparación de nervio y músculo. Colocó un músculo del muslo de la rana en una jeringa de vidrio con el nervio sobresaliendo de un agujero. Al irritarlo provocó que el músculo se contrajera, pero el nivel del agua permaneció igual, por lo tanto el volumen del músculo no aumentó. En contra de la predicción de Descartes demostró que los músculos no variaban de volumen al contraerse.

En las épocas coloniales europeas era fácil que los naturalistas aprovechasen las rutas comerciales para realizar sus actividades científicas. Aquí vamos a ver dos ejemplos, uno en la Angola bajo Portugal y otro en la India bajo soberanía británica.

El portugués José Alberto de Oliveira Anchieta (1832-1897) abandonó sus estudios de Matemáticas para irse con un amigo a Cabo Verde y convertirse en naturalista. Con 25 años se instaló por un tiempo en la isla de Santo Antão, donde investiga la flora y fauna del lugar. Acabaría ayudando a los lugareños como médico *amateur*. Una epidemia de cólera lo acabó llevando al hastío, no sin antes descubrir que amaba la medicina. Comenzó sus estudios en Lisboa y continuó en Londres y París. Sin embargo, su pasión seguía siendo el naturalismo, así que volvió a dejarlo y se fue a Angola a buscar especímenes. Pudo traer muchos a Lisboa, pero otros tantos se perdieron al volcarse una canoa donde los portaba en un río africano. Ya casado volvió a Angola y montó su propio laboratorio en un lugar peculiar, una iglesia en ruinas. Dada su experiencia y que la propia población lo apreciaba, el Gobierno portugués lo contrató ayudando en un hospital. Murió probablemente de malaria en una expedición a Caconda, con 64 años.

El entomólogo británico Lionel de Niceville (1852-1901) llegó a ser comisario del Museo Indio en Calcuta, donde realizó un importante trabajo de investigación sobre mariposas del sur de Asia. En 1899 George Nathaniel Curzón fue nombrado virrey de India por el Gobierno británico. Curzon quiso poner una especial atención en la agricultura: «Nuestra verdadera reforma ha sido por primera vez un esfuerzo por aplicar la ciencia a gran escala para el estudio y la práctica de la agricultura india». En 1901, y según su línea de gobierno, realizó varios nombramientos de científicos imperiales. Designó como entomólogo imperial a Niceville. Una pena que ese mismo año fuera sorprendido por la malaria en un viaje a la región de Terai. Falleció con 49 años.

Por último, los estudios del biólogo británico William Donald Hamilton (1936-2000) han tenido gran implicación en lo siglos XX y XXI. Su especialidad fue la biología evolutiva, campo en el que sus ideas fueron fundamentales en la creación de una nueva disciplina, la sociobiología.

Fue el primero en realizar un estudio cuantitativo (regla de Hamilton) de la selección de parentesco. Su trabajo llegó a ser mencionado en el popular libro *El gen egoísta*, de Richard Dawkins. Sin embargo, abrazaría una idea que se considera una conspiración pseudocientífica. Había oído que el virus VIH podría tener un origen en la creación de la vacuna del papiloma. Cegado y siguiendo esta pista fue a investigar a la República Democrática del Congo. Tuvo que ser ingresado de urgencia el 29 de enero de 2000, cuando volvió a Londres. Murió el 7 de marzo envuelto en una polémica. El informe forense decía que su muerte se debió a «un fallo multiorgánico a consecuencia de una hemorragia gastrointestinal superior por un divertículo duodenal ulcerado». Patología que se relacionó con la malaria contraída en su última expedición. Pero el patólogo sugería que la ulceración y la hemorragia podrían deberse a una pastilla que tomó por los síntomas de la malaria. Lo cierto es que el tratamiento para la malaria suele ser muy gastrolesivo y hoy suele acompañarse con grandes dosis de protectores gástricos. Hamilton tenía 63 años.

EN BÚSQUEDA DEL ESQUIVO MOSQUITO

En la página de la OMS puede leerse:

> «La fiebre amarilla es una enfermedad vírica aguda, hemorrágica, transmitida por mosquitos infectados. El término "amarilla" alude a la ictericia que presentan algunos pacientes».

Responsable de unas 30.000 muertes cada año, es endémica de África, Sudamérica y el Caribe. El vector de la enfermedad es el mosquito *Aedes aegypti*. Fue el cubano Carlos Finlay quien cayó primero en la cuenta del papel de los mosquitos en la transmisión de las enfermedades, precisamente con esta especie. Centraremos nuestra atención en cuatro países distintos.

En la ciudad de Nueva York han ocurrido varias epidemias de fiebre amarilla a lo largo de la historia. La primera registrada data de la segunda mitad del siglo XVII. En la epidemia de 1793 murieron 4.043 personas, uno de cada diez ciudadanos. Hubo un descenso al año siguiente y con algún otro repunte volvió con especial virulencia en 1798. Los gobernantes y la población estaban realmente preocupados, había miedo en la calle y muerte en los hospitales. En situaciones así sale lo mejor y lo peor del ser humano, así que hubo quien quiso sacar tajada de la situación.

Aprovechando la chispa de los experimentos eléctricos de Galvani, el doctor (*sic*) Elisha Perkins confeccionó su propio aparato terapéutico, que fue presentado en 1795: unas agujas metálicas de hierro y latón a las que denominó «tractores». Quiso hacer su agosto con la fiebre de 1799, pero el agosto le pilló a él, pues el 9 de septiembre de ese mismo año moría precisamente por fiebre amarilla, que probablemente contraería en agosto, el mes anterior.

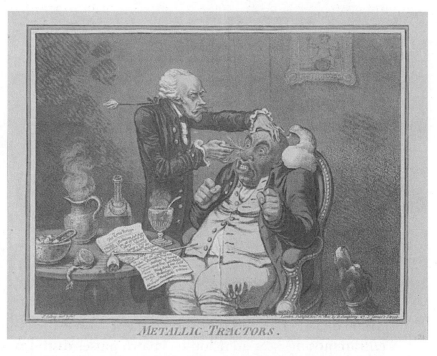

METALLIC-TRACTORS.

Caricatura de James Gilray, en 1801, de un charlatán, tratando a un paciente con tractores Perkins,

A pesar de todos los anuncios que puso y del eco que tuvieron sus artilugios eléctricos, moría con lo mismo que pretendería curar, así que los médicos no confiaron más en él.

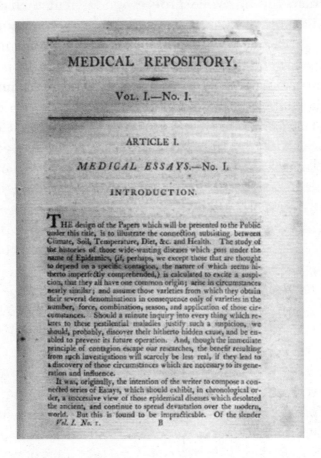

Primer número de la revista *Medical Repository*, pionera en investigación médica de Estados Unidos. Elihu Hubbard Smith fue uno de sus fundadores.

No solo hay vendedores de humo, en las épocas más adversas todo lo bueno del ser humano surge. El personal sanitario en los hospitales no daba abasto, trabajaba en las condiciones que podía y aun así algunos tenían tiempo para intentar recabar datos por el bien de la humanidad. El doctor (este sí) Elihu Hubbard Smith (1771-1824) fue uno de los fundadores de la primera revista médica de Estados Unidos, *Medical Repository*. Esta revista salió al mercado entre los años 1797-1824 y a Smith le dio tiempo de publicar sobre varias enfermedades, entre ellas acerca de la fiebre amarilla. Estuvo realmente preocupado por la enfermedad e investigó lo que ella misma le permitió, pues murió sorprendido por ella con tan solo 27 años.

Viendo el panorama, es lógico entender que la población mundial estuviera especialmente sensibilizada con la fiebre amarilla durante el siglo XIX, y en especial el Gobierno norteamericano. La epidemia azotó otras partes de Estados Unidos y el Ejército decidió constituir una comisión sobre la fiebre amarilla en Cuba, para investigar las causas de la enfermedad. La comisión estaba constituida por los médicos militares norteamericanos Jesse William Lazear (1866-1900), Walter Reed y James Carroll (1854-1907), y por el cubano Arístides Agramonte.

En 1881 el doctor cubano Carlos Finlay había sugerido que el vector de la fiebre amarilla era el mosquito *Aedes* y el equipo fue detrás de esta pista. Lazear estaba realmente empeñado en la idea. El 13 de septiembre fue picado por un *Aedes*. Contrajo la enfermedad y murió doce días después con 34 años. Esta fue la versión oficial, que Lazear fue alcanzado accidentalmente por un mosquito. Pero en 1947 vio la luz un cuaderno del militar en el que se aclaraba que la picadura fue intencionada. No sabemos si esto lo convierte en un héroe de la ciencia mayor, al no intentar dar tanto la nota, o en un simple padre de familia que no quería problemas con su seguro de vida. Reed no tuvo que enfrentarse a la fiebre amarilla, acabó con él una peritonitis. Walter Carroll sí fue contagiado de fiebre amarilla, y no se conoce si hubo o no intencionalidad. En el caso de Carroll hubo mejoría, no murió inmediatamente, pero sí lo haría siete años después, presumiblemente por un corazón dañado a causa de la fiebre. Agramonte fue el único que conocería las novedades que vendrían de África sobre la fiebre amarilla, pues falleció por causas naturales en 1931.

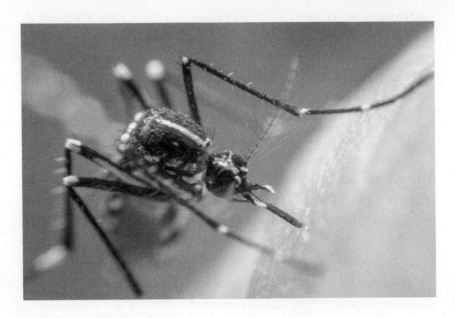

Un ejemplar del mosquito *Aedes aegypti* picando a un ser humano. Carlos Finlay descubrió que esta especie es el vector de transmisión de la fiebre amarilla.

Vayamos pues a África un momento. Lagos y Acra están separadas tan solo por unos 400 kilómetros, una distancia que se puede considerar corta para una enfermedad como la fiebre amarilla. Lagos fue la capital de Nigeria hasta 1976 y Acra es la capital de Ghana. A comienzos del siglo XX, las dos eran capitales, muy transitadas por británicos y norteamericanos, debido a que era la época del colonialismo. Tanto en una capital como en otra, la ciencia dio un paso de gigante en el entendimiento de la fiebre a amarilla, aunque a costa de la muerte de al menos tres científicos. La conciencia social de Nueva York sobre la problemática llevó a que la Fundación Rockefeller estableciese un programa de control de la fiebre amarilla en el sur de América. Envió un grupo humano a las epidemias de Ecuador, México y Perú entre 1918 y 1920. Allí Hideyo Noguchi (1876-1928), miembro del Instituto Rockefeller, creyó identificar una bacteria espiroqueta como origen de la enfermedad. Por tanto, el panorama se complicó: ¿la etiología respondía a un virus o a una bacteria? Noguchi tenía un gran prestigio como bactcriólogo, así que su propuesta no fue desatendida. Llamó *Leptospira icteroides* a su patógeno. La fundación entonces buscó el más que probable foco original de la enfermedad: África Occidental. En 1925 se organizó la Comisión de la Fiebre Amarilla de África Occidental, con sede muy cercana a Lagos y con un laboratorio en Acra. El norteamericano Adrian Stokes (1887-1927) trabajó en un equipo en Acra para testear la hipótesis de Noguchi. Consiguió inocular y reproducir la enfermedad en un macaco *Rhesus*, con síntomas muy parecidos a los de otro animal inoculado por Bauer en Lagos. En 1927 Stokes se dirigió a trabajar a Lagos con Bauer y Hudson, con resultados muy fructíferos, en los que la posibilidad de la *leptospira icteroides* perdía fuerza.

Hideyo Noguchi con su madre.

Bauer se centró en la cría de varios tipos de mosquito para estudiar las vías de contagio. Empezó a ser tan evidente el origen vírico de la enfermedad que Stokes pidió permiso para experimentar con humanos, una propuesta que provocó la polémica. Pero no tuvo que esperar a la resolución de la controversia: él mismo enfermaría el 15 de septiembre de 1927. Parece que la causa fue, según cuenta un compañero, que no era demasiado meticuloso trabajando en el laboratorio.

Laboratorio móvil diseñado por WA Young para su uso en el trabajo de campo del Medical Research Institute, Acra.

El caso es que se infectó y al segundo día de ser diagnosticado con fiebre amarilla insistió en que se le tomaran muestras de sangre para que fuesen inoculadas en monos. También pidió que un enjambre de mosquitos *Aedes* se alimentaran de él, para lo cual metió la pierna por una manga de tela hacia el interior de una jaula de alambre en la que había unos cien insectos. Todo un banquete que sirvió sin duda para identificar las cepas del virus de la familia *Flaviviridae*. Ya moribundo solicitó la presencia de un médico clínico de su comisión con gran experiencia en Sudamérica y muy cercano a la hipótesis bacteriana de Noguchi. Fue a verlo el día antes de su muerte y observó que los síntomas eran indudablemente de fiebre amarilla y mediante un típico modo de contagio vírico. Stokes murió al día siguiente de la visita, con 40 años y sabiendo que su deceso había sido un acto heroico en pro de una evidencia científica. Bauer propuso a Hudson publicar el artículo de las conclusiones con el apellido de Stokes como primero de la lista de autores, «es lo menos que podemos hacer por el precio que pagó». El *paper* salió en 1928, el mismo año que fallecía Noguchi, con 51 años. A pesar de que nunca existieron sus espiroquetas, sus hipótesis sirvieron para una investigación de calidad. Su compañero William Alexander Yung (1889-1928), el director del Instituto de Investigación de Acra, murió una semana después con tan solo 38 años.

* * *

Más recientemente, el italiano Carlo Urbani (1956-2003) se convirtió en un verdadero héroe de la ciencia al morir infectado por el virus del síndrome respiratorio agudo. Tal vez le suene por sus siglas en inglés SARS. Fue el primero en identificar el patógeno y lo hizo en una habitación aislada. Solo podía hablar con su esposa Giuliana Chiorrini a través de un intercomunicador. Chiorrini estaba en su derecho al reprocharle una actitud extraña por jugarse la vida teniendo tres hijos en este mundo. Pero Urbani era un héroe de la ciencia. Decía: «Si no puedo trabajar en estas situaciones, ¿qué hago en este mundo? ¿Responder correos, ir a cócteles y escribir artículos?». Urbani murió con 46 años. Un deceso que contrasta con otro ocurrido en el mismo año, el del documentalista Timothy Treadwell y su novia Amie. Saltaban a la fama por ser devorados por uno o más osos grizzly, una especie a la que dedicó bastante tiempo. Treadwell también tenía 46 años.

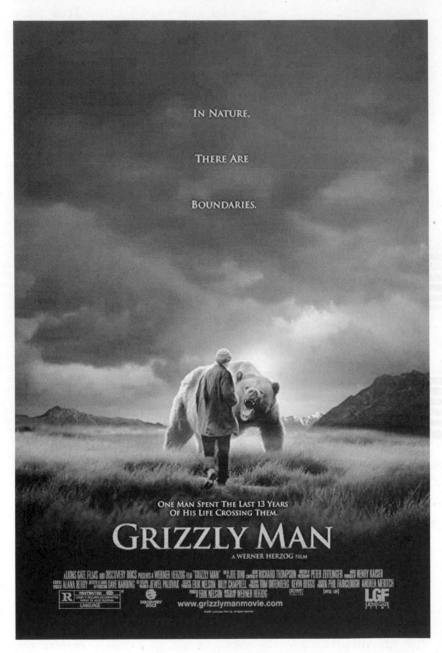

Cartel promocional de *Grizzly Man* (2005).

El director alemán Werner Herzog realizó el documental *Grizzly Man* sobre la vida del documentalista. Tres años después, Steve Irwin, el cazador de cocodrilos, moría con 44 años por el ataque violento de una raya. No se va a poner en duda el amor que estos dos ecologistas tenían por la naturaleza, pero sí es más que evidente que muchas de sus acciones en vida buscaron la notoriedad y el foco mediático. Si gracias a ellos se han forjado vocaciones científicas, bienvenidas sean; sin embargo, caemos en el peligro de asistir al nacimiento de un nuevo tipo de circo, del zoológico del siglo XXI, la era de la posverdad en el amor por la naturaleza. La ciencia es hermosa y necesaria sin necesidad de fiesta y jolgorio, sin pinta y colorea. En los tiempos de internet se dan «circunstancias en que los hechos objetivos influyen menos en la formación de la opinión pública, que los llamamientos a la emoción y a la creencia personal». Es esta la definición del Diccionario Oxford del neologismo «posverdad». Nos aterran las enfermedades cuando aparecen en las noticias y vemos que el vecino está contagiado. España tembló con el ébola ante los misioneros repatriados y muchos deportistas se lo pensaron dos veces antes de ir a las Olimpiadas de Brasil en 2016 por temor a contraer el zika. Pero las tragedias siguen estando ahí, a pesar de que no abramos el periódico. Y no podemos darle la espalda. La química ghanesa Nkansh tuvo el honor de participar en 2017 en el panel *Ciencia en la era posverdad*, junto con 30 premios Nobel con los que poder dialogar. Ante la pregunta «¿Qué clase de ciencia se necesita en África?», su respuesta fue un ejemplo para todos los seres humanos y consigna para todos los héroes de la ciencia del futuro:

«Se necesita una ciencia que resuelva los problemas de nuestro continente. Cada región del mundo tiene problemas peculiares y nuestra tarea es identificarlos y resolverlos. A veces nos sumamos a cosas *cool*, o de moda, pero los problemas de África tienen que ver con la seguridad, con las enfermedades y con la cobertura de necesidades básicas de la gente, de eso nos tenemos que ocupar».

PARA SABER MÁS

- Baxter, P. J.; Gresham, A., *Deaths and injuries in the eruption of Galeras Volcano, Colombia, 14 January 1993*, «Journal of Volcanology and Geothermal Research», 77: 325–338, 1997.

- Fisher, R. V., *Obituary Harry Glicken (1958–1991)*, «Bulletin of Volcanology». 53 (6): 514–516, 1991.

- Keller, J., *Memorial for Katja and Maurice Krafft*, «Bulletin of Volcanology», 54 (7): 613, 1992.

- Schröder, H.; *Robert Mertens zum Gedächtnis 1. Dezember 1894 – 23*, «Salamandra», 12 (2): 49-54, 1976.

- Pope, C. H. (1958), *Fatal bite of captive African rear-fanged snake (Dispholidus)*, «Copeia», (4): 280, 1958.

- Piqueras, M., *Microbiology: a dangerous profession?*, «International Microbiology», 10: 217-226, 2007.

- De la Cal, L., *La muerte del encantador de serpientes*, «El Mundo», 11 de agosto de 2017.

- Murphy, J. B.; Jacques, D. E., *Grace Olive Wiley: Zoo Curator with Safety Issues*, «Herpetological Review», 36 (4), 365–367, 2005.

- Mirtschin, P., *The pioneers of venom production for Australian antivenoms*, «Toxicon», 48: 899-918, 2006.

- Editorial, *Diary of snake bite death*, «Chicago Daily Tribune», 3 de octubre de 1957.

- Donnelly, M. A.; Crother, B. I., *Joseph Bruno Slowinski, 1962-2001*, «Copeia», 2003 (2): 424-428, 2003.

- Nagourney, E., *J. B. Slowinski, 38, an Expert On Venomous Snake Species*, «New York Times», 20 de octubre de 2001.

- Hudson, N. P., *Adrian Stokes and Yellow Fever Research: a Tribute*, «Transactions of the Royal Society of Tropical Medicine and Hygiene», 60 (2): 170–171, 1966.

- Redacción, *Dr. Edith Claypole called for death*, «Berkeley Daily Gazette», 27 de marzo de 1915.

- Marte, F.; Péquingnot, A.; Endt, D. W., *Arsenic in Taxidermy Collections: History, Detection, and Management*, Collection Forum, 21(1-2): 143-150.

- Coniff, R. (2011), *The Species Seekers: Heroes, Fools, and the Mad Pursuit of Life on Earth*, W. W. Norton & Company.

- *Volcán Galeras*, Documental, National Geographic.

- Murphy, J. B., *Death from Snakebite: The Entwined Histories of Grace Olive Wiley and Wesley H. Dickinson*, «Bulletin of the Chicago Herpetological Society», Special Supplement, 2006.

- Editorial, *1902-1903: The late Mr C. L. de Nicéville J.*, «Journal of the Bombay Natural History Society», 14:140-141.

- Barboza, J. V., José d'Anchieta. Eulogy, «Jornal das Sciencias Mathematicas, Physicas e Naturaes», Academia Real de Sciencias de Lisboa, 5(18), 1897.

- Atfield, C., *Snake venom keeps its bite 80 years on*, web «Brisbane Times», 16 de enero de 2014.

- Redacción, *Bill Haast*, «The Telegraph», 20 de junio de 2011.

- Heaton, C. E., *Yellow Fever in New York City*, «Bulletin of the Medical Library Association», 34 (2): 67–78, 1946.

- Rayner-Canham, M. F. (2005), *Women in Chemistry: Their Changing Roles from Alchemical Times to the Mid-Twentieth Century (History of Modern Chemical Sciences)*, Chemical Heritage Foundation.

- VV. AA. (1885), *Memorials of William Benjamin Carpenter*, Royal College of Surgeons of England.

- VV. AA., *Delayed Cerebellar Disease and Death After Accidental Exposure to Dimethylmercury*, «The New England Journal of Medicine», 338:1672–1676, 1998.

- Redacción, *Karen Wetterhahn; Dartmouth Scientist*, «Los Angeles Times», 12 de junio de 1997.

- Tan, S. Y.; Pettigrew, K., *Henry Norman Bethune (1890–1939): Surgeon, communist, humanitarian*, «Singapore Medical Journal», 57(10): 526–527, 2016.

- Editorial, *The legacy of David A. Johnston*, web USGS, 1982.

Índice onomástico